风月同天——中日民间经济文化交流纪实丛书

松下电器与中国

松下电器（中国）有限公司 著

人民东方出版传媒
People's Oriental Publishing & Media
东方出版社
The Oriental Press

图书在版编目（CIP）数据

松下电器与中国 / 松下电器（中国）有限公司著 . —北京：东方出版社，2022.11
（风月同天：中日民间经济文化交流纪实丛书）
ISBN 978-7-5207-3035-8

Ⅰ . ①松… Ⅱ . ①松… Ⅲ . ①电气工业—合资企业—工业企业管理—研究—中国 Ⅳ . ① F426.6

中国版本图书馆 CIP 数据核字（2022）第 199659 号

松下电器与中国

（SONGXI ADIANQI YU ZHONGGUO）

作　　者：松下电器（中国）有限公司
责任编辑：刘　峥
出　　版：东方出版社
发　　行：人民东方出版传媒有限公司
地　　址：北京市东城区朝阳门内大街 166 号
邮　　编：100010
印　　刷：北京汇瑞嘉合文化发展有限公司
版　　次：2022 年 11 月第 1 版
印　　次：2022 年 11 月第 1 次印刷
开　　本：787 毫米 × 1092 毫米　1/32
印　　张：5.375
字　　数：80 千字
书　　号：ISBN 978-7-5207-3035-8
定　　价：54.00 元
发行电话：（010）85924663　　85924644　　85924641

目 录

目录

前　言

　　中国人相信缘分，日本人也相信缘分。日语中也有"缘"这个汉字。缘分非常奇妙，难以言传。

　　毫无疑问，我跟中国有着浓厚的缘分。1986年，我在刚进入松下电器产业株式会社（以下简称"松下"）的第二年就被派往中国台湾地区，开始为期两年的研修生活。那时候，早上和晚上学习中文，白天工作。经过两年的历练，我不仅打开了眼界，还对中国文化有了更加深入的领悟。我越来越深刻地感受到，我和中国是分不开的。

　　在此中日邦交正常化50周年之际，我感慨良多，也希望借这本书出版的契机，回顾松下与中国风雨同舟的历程以及松下为中国经济发展做出的努力。

　　松下创始人松下幸之助先生在经历了无数的艰难困苦后，领会到共同繁荣是人类实现和平及幸福的必经之路，并为之奋斗一生。这也是在改革开放之初，大部分外资企业还在犹豫彷徨的时候，松下却义无反顾地到中国投资贡献的根本原因。2018年庆祝改革开放40周年大会上，我们的创始人松下幸之助先生获得了中国政府颁发的"中国改革友谊奖章";2020年7月我们企业又有幸参加了习近平主席主持召开的企业家座谈会,习主席对松下为中国做出的贡献给予了高度评价,并指出松下老先生获得中国改革友谊奖章,当之无愧。

松下在中国的事业经过历史沉淀,并一路成长为松下全球事业的重要部分。但我们也意识到,当下的中国市场瞬息万变,变革几乎就是主旋律,而2018年以前的松下中国所做出的大部分决策依然需要依靠日本来下达,这就造成了松下在中国的战略出现延时、与机遇擦肩而过的窘境。因此,我们提出要真正实现松下在中国的本土化策略,松下中国东北亚公司(简称"中国东北亚公司")应运而生。

中国东北亚公司的构想从2018年就开始了。当时,松下本部派遣40多位日方和中方高管在北京、上海等城市展开调研和研讨,最终的结果是,大家一致认为中国的现地化决策必须马上实施,唯有如此才能维持并扩大松下在中国的事业。在研讨之后的第三个月,高效而果断地通过了成立中国东北亚公司的决定。

"中国的事情必须在中国决定。"松下秉承为中国改革开放做出贡献的理念,该理念也是创始人松下幸之助先生的夙愿。自此我们必然要深深地根植于中国市场,解决中国的社会课题。这是松下的使命,也是我个人的理想。

中国东北亚公司已经成立了3年,其间我们经历了疫情的考验，成绩非常显著。截至 2022 年，松下在中国拥有 70 家控股企业，约 5.2 万名员工，年度事业规模达到 1100 亿元人民币，约占全球事业规模的 28%。我们研发、制造了多款符合中国现地的产品，其中很多成为广受好评的"爆品"。这让我们坚定了信心，要坚持按照中国模式、中国速度推进下去。

此外，我一直铭记着 40 多年前，邓小平先生对松下幸之助先生说的那句"请松下老先生和在座诸位帮忙"[①]。40 多年，"帮忙"成为松下与中国之间更深入合作的基础。

松下始终遵循要为中国经济发展作贡献的初衷，力求改善中国社会遇到的课题。

比如，中国的老龄化问题日益凸显，而松下则在健康养老领域有着很多独特的、具有竞争力的技术优势。我们的目标是通过空间解决方案，助力中国人的健康寿命延长 10 年。2021 年 7 月，松下和中国的合作伙伴在宜兴市共同打造的雅达·松下社区，实现了松下在空间解决方案和中国健康养老需求的探索结合。

同时，松下也努力为中国的环保事业做出自己的贡献，哪怕只是尽一份微薄之力。松下集团在 20 世纪 90 年代初就

---

① 《1978 邓小平访问日本，一句"请松下老先生和在座诸位帮忙"，让人深深的佩服》，见 https://www.bilibili.com/video/BV1Nf4y117ph/?is_story_h5= false&p-1&share_from=ugc&share_medium=android&share_ plat=android&share_session_id=5353f667-6d2f-44e2-b35a-2f75bf18058c&share_ source=WEIXIN&share_tag=s_i&timestamp=1665293212&unique_k=mGo5xwc。

制定了环境宪章，长久以来一直在追求和探索实现可持续发展。我们在无锡的电池工厂实现了松下在中国的首家零碳工厂的目标，正在其他地区扩大推广。我们把在日本积累了20多年的氢能解决方案拿到中国，同中国的合作伙伴一起推动氢能产业链的发展。

在中国东北亚公司成立后，松下在中国取得了不俗的业绩，更重要的是，我们为中国经济的发展做出了自己的努力，无论对松下还是对我个人来说，这都让人无比欣慰。这也不断坚定了我们矢志不渝地坚持松下在中国本土化经营的决心。我们相信中国会从全球的制造中心逐渐发展成为全球的创新中心，我们还相信中日之间的经济往来会越来越密切、互补性会越来越强。2022年2月，举世瞩目的北京冬季奥运会顺利召开，松下集团作为奥林匹克全球合作伙伴，也作为推动中日经济友好合作的代表企业，全力支持了北京冬季奥运会和冬残奥会的举办。大会期间，有192名松下员工常驻奥运会场进行技术支持等相关工作，为确保冬奥会的顺利举行贡献了一份力量。

2022年是中日邦交正常化50周年，我想，也许一本书无法准确详尽地描述松下作为这段历史时光的亲历者和建设者，与中国在合作、共创、共赢的经历过程中，所建立的联系与情谊。这只能是一种尝试，作为"公器"的松下致力于为中国社会作贡献，希望以此记录一些片段，即便如此也值得我们去认真书写。

松下与中国的缘分一定还会一直绵延不绝地延续下去，

我亦深感荣幸，能亲自参与和见证松下为中国发展做出贡献的一段时光。

松下控股株式会社
集团代表董事 全球副总裁
集团中国东北亚总代表
本间哲朗

松下控股株式会社

集团代表董事 全球副总裁

集团中国东北亚总代表

本间哲朗

序 章

  2022 年是中日邦交正常化 50 周年。半个世纪之前，刚当选日本首相的田中角荣先生明确地表示："要加快与中华人民共和国邦交正常化的步伐。"并且要"充分理解中国政府一贯主张的中日邦交正常化三原则"。田中首相于当年 9 月（1972 年 9 月）访华，和周恩来总理签署并发表《中日联合声明》，推动实现了中日邦交正常化。

  1978 年 10 月 22 日，已经 74 岁的邓小平先生应日本政府邀请，前往东京，开启了为期 8 天的访日之旅。在这次意义重大的访问中，邓小平先生特意访问了日本松下，并会见了该公司创始人、有"经营之神"美誉的松下幸之助先生。

  在会见中，邓小平先生有意邀请松下参与中国改革开放建设，说出了那句广为人知的话："请松下老先生和在座诸位帮忙。"

  从更长远的视野来看，这句话成为一个重要契机，开启了松下在中国的合作进程。

在过去 40 多年的岁月里，松下始终铭记邓小平先生的坦诚和热望，也努力坚守松下幸之助先生的承诺。无论是提升中国国民生活水平，还是运用松下幸之助先生的管理哲学与中国企业交流合作，松下都成为先行者。

在中日邦交正常化 50 周年之际，松下控股全球副总裁、中国东北亚总代表本间哲朗先生与中国日本友好协会常务副会长程永华先生展开了一场发人深省的对话。

程永华副会长曾经担任中国驻日本大使 9 年多，他将毕生精力都奉献给中日友好事业。

本间哲朗与程永华的谈话坦诚、亲切，他们回顾了中日构建合作关系的峥嵘岁月，也畅谈了两国未来之路。作为一家企业，松下也一直努力为中国的发展而不懈奋斗。

程永华对话本间哲朗

程永华：刚刚参观了北京松下纪念馆，感慨良多。我觉得中国人民了解松下有两个重要契机：一个是 1978 年，邓小平先生访问日本；一个是中国庆祝改革开放 40 周年大会上向松下幸之助先生授予中国改革友谊奖章。

1978 年，邓小平先生在访日期间到访了松下，在会见中，松下幸之助先生说："无论如何，一定会全力协助。"这句话今天回想起来，依然让人感动。

我当时刚结束在日本的留学，在中国驻日本大使馆工作，也有幸参与了邓小平先生访日的筹备和联络。当时邓小平

程永华（右）与本间哲朗（左）于松下纪念馆合影

先生讲，访日有三个目的：第一是交换《中日和平友好条约批准书》；第二是见老朋友，对他们为发展中日关系所付出的努力表示感谢；第三是像徐福一样，寻找"长生不老药"。所谓的"长生不老药"就是学习如何实现现代化的经验。

第二年，松下幸之助先生来中国访问，和邓小平先生会见时商定了对华合作的思路。此后，松下成为最早进入中国的外资企业之一，在投资办厂、技术支持、人才培养等各个方面与中国开展了深入的合作。今年是中日邦交正常化50周年，此时回忆松下与中国的交流往事更具特殊意义。

2018年12月，庆祝改革开放40周年大会在北京人民大会堂举行。那时我正担任中国驻日本大使。会上一共表彰了100位中国人和10位外国人，10位外国人中的一位就是松下老先生，还有一位是大平正芳前首相。40 年过去了，这段时间两国之间的友好合作以及松下老先生、松下对中国改革开放和中日友好做出的贡献值得两国人民铭记。

本间哲朗：感谢您的回顾。现在松下中国事业占整个集团事业规模的 28%，非常庞大，说明松下一直非常重视中国市场，在中国的 5 万多名员工里，研发人员有 9000 人，这也说明我们将中国看作非常重要的研发中心和现地决策的根基。

可以说，这和 1978 年，松下幸之助先生的判断和决策是一脉相承的。

我自己也与中国有着很深的渊源。1985 年，我加入了松下，当时松下已经和中国有了非常广泛的合作关系，松下幸之助先生决定每年派遣年轻员工到中国学习中文。而我也非常幸运地在台湾师范大学学习了两年汉语。

如今，我已经在松下工作了近 40 年，现在长期在中国工作备感亲切，也觉得非常幸运。

程永华：实际上，从 20 世纪 50 年代开始，中日之间就有一些民间的商业往来，日本的商业界、企业界是推动中日经济交流、推动中日邦交正常化的重要力量。1979 年松下幸之助先生来华将这个事业推向了新的高度。

本间哲朗：确实如此。其实，松下不仅仅给中国企业带来一些技术支持，还引入了崭新的管理理念，比如 5S 管理等，成为很多中国企业家的管理之道。有个细节，我 2019

年去访问京东方，当时京东方的高层说，在松下进入中国之前，中国的企业还没有现代会计制度，也正是松下提升了中国制造业的会计管理制度水平。可以想见，那时候中日企业之间的交流、合作一定是非常频繁、深入、友好而且具有可持续性。

时光流逝，现在中国也诞生了很多了不起的企业，松下也愿意谦虚地向他们学习，和他们共同成长。

程永华：对，中日之间、松下与中国之间的友好合作也需要不断深化，与时俱进。日本是发达国家，很多发展经验值得我们借鉴。松下是日本第一家跨国企业，是真正的"百年老店"，很多经验值得中国企业学习。

本间哲朗：是的，松下一直在思考如何解决中国社会的课题，我们可以一起去面对、去解决。举个简单的例子，中国目前老龄化问题很突出，日本也存在类似的问题。而在健康养老产业方面松下有很多技术优势、产品优势。我们和中国的合作伙伴一起在宜兴做了雅达·松下社区的健康养老项目，获得了不错的口碑和影响力。

再比如环境事业，我想这也是全世界、全人类的共同课题。松下推出的零碳工厂也成为业内的标杆。松下在 2017 年制定了"Panasonic 环境愿景 2050"，致力于削减能耗，创造并活用超过能源消费量的清洁能源。同时，松下集团还将致力于向"Panasonic GREEN IMPACT（绿智造，创未来）"过渡，运用公司自身的用能和创能，向为整个社会的二氧化碳减排做出贡献的集团长期愿景转变。在北京 2022 年冬奥会上，松下为一些比赛场馆提供了制冰等的技术和设备。

程永华：松下和中国的合作很广泛深入，也很有前景。对于中国企业来说，走出去是大趋势。日本企业在 20 世纪 60 年代就开始走出国门，松下早在 1961 年就进入了泰国市场。从这个层面来说，日本企业是先行者，能给我们很多的借鉴和经验。

松下和中国企业可以一起开发第三方市场合作项目，共同发展。我想这也是今后中日之间合作的一个新方向。中日两国经济互补性很强，日本是成熟的发达经济体，中国是蓬勃发展的新兴经济体，正从高速增长转为高质量发展。作为世界第二、第三大经济体，维护开放型世界经济既是双方的共识，也将为地区乃至世界创造福祉。

本间哲朗：程副会长谈到的第三方市场合作项目，我们已经开始行动了。松下的自动门技术已经被运用到北京以及中国很多城市的轨道交通中。这个业务的全球总部也搬到了北京，换句话说，北京现在是松下自动门的全球中心，加拿大、以色列、印度尼西亚等地的团队都由北京这边来管理和整体运营。我很自豪，松下在中国的团队在主导、开发新的市场项目，也就是您所说的，第三方市场合作项目。

现在松下在中国的事情在中国决定。中国的经营团队非常优秀，中国的供应链、产业格局非常完善，我相信第三方市场合作是我们要走的必然之路，而且我们松下已经走在这条路上。

程永华：我相信，中日双方的合作一定会实现 1+1 大于
2 的效果，或者是再加上第三方，实现 1+1+1 大于 3 的效果。
中日之间的学习、交流、合作一定对双方都有益处，而不是
相反。

本间哲朗：中国现在有很多宝贵的经验值得学习，比如
松下马来西亚团队特意来中国学习电商经验，因为松下的小
家电产品在中国有 80% 都是在电商平台完成销售的。

其实，现在有一个呼声，就是中国的制造业劳动力成本
也在不断上升，作为一家外资企业应该如何应对。松下也一
直在思考这个课题。我们认为，中国不仅仅是制造业大国，
还具有广袤的市场，更是一个创新大国。所以松下在中国有
着庞大的研发团队，夯实创新的地位；另外，松下在中国也
积极推进绩效改革制度，用来抵消所谓的劳动力成本飙升的
问题。

程永华：改革开放 40 多年来，中国依托劳动力优势，
深度嵌入全球价值链，实现了经济的持续高速增长。这既让
中国数以亿计的人口摆脱贫困，也为产业链上游的国家创造
了巨大财富。近年，中国虽然劳动力绝对成本优势减弱，但
制造业规模优势显著，劳动生产率提升。中国正在加快调整
人口政策，加大人力资本投资。这个转型的过程需要政府、
企业，也包括在华的外国企业共同探索形成，找到多方共赢

的方案。

本间哲朗：松下幸之助先生提及，松下要为中国的现代化建设作贡献，所以对我们来说，技术转让是我们的责任，提供好的产品同样是我们的责任，推动中国的高质量发展更需要我们当仁不让。

有了责任才有使命感。比如松下幸之助先生一直说，造物之前先育人。现在松下集团在华企业里面研发人员有 9000多人，从工厂到事业部都有针对他们的完备的培养计划，比如去日本学习等。

程永华：如何让中日关系健康、稳定地发展下去，这是我们纪念中日邦交正常化 50 周年的一道思考题，我认为下面的三点很重要。

第一点是不忘初心。50 年前两国从政治到经济体制，差距极大。为什么能冲破意识形态和体制的藩篱，结束战后不正常的状态建立友好关系？如果现在只是纠结两国的不同点，就又回到 50 年前了。周恩来总理当时提出的求同存异非常重要，仍能指导今天的中日关系。在重大核心问题上两国要相互尊重，信守承诺。当年周总理为田中角荣首相题字：言必信，行必果。田中首相回应道，信乃万事之本。

第二点是面向未来。两国已经互为重要经贸合作伙伴，应拓宽合作领域，深化合作水平。比如在氢能及健康养老领域，两国的合作空间前景广大。从 2021 年开始，国家发改委宣布成立七个中日地方合作示范区，这都是中日之间拓展合作的新平台。

第三点是加强交流。近年在日本出现对华民众感情恶化的趋势。原因是多方面的。如果没有面对面的交流，只看部分媒体的片面报道，很难形成正确的彼此认知。实际上两国文化上相通相近，通过增加交流可以消除很多误解，改善两国国民感情。

中日两国领导人就构建契合新时代要求的中日关系达成重要共识。在迎来邦交正常化 50 周年之际，两国各界应该朝着这个方向，推动两国关系沿着正确轨道，实现更加健康稳定的发展。

第 I 部分

亲历变革

第一章

伟大的握手

"请松下老先生和在座诸位帮忙"

1978年10月22日，已经74岁的邓小平先生应日本政府邀请，访问了东京、大阪。在8天的行程中，邓小平亲身体验了飞驰的日本新干线，他希望中国的经济也能快速奔跑起来。邓小平还特意拜访了日本"经营之神"、松下产业株式会社的创始人——松下幸之助先生。

在会谈中，邓小平先生说出了那句流传甚广的话："请松下老先生和在座诸位帮忙。"

从某个角度来说，邓小平先生的这句话已经酝酿了很多年。世人皆知，1972年9月25日，时任日本首相田中角荣和当时的外相大平正芳正式访华，并且在同年9月29日，签署了《中日联合声明》。这份声明的发布成为中国和日本之间实现邦交正常化的标志，这代表着中日关系开始解冻，逐渐向暖。但其实，中日之间无论是政府层面的沟通，还是民间的商业、文化往来从20世纪50年代就已经缓慢地开始了。

1972年，当时的美国总统尼克松访问中国之后，日本也开始积极推进中日邦交正常化的进程。

彼时，时任日本首相田中角荣公开宣布"要加快与中华人民共和国邦交正常化的步伐"。^①当时的外相大平正芳则更加掷地有声地说："为实现邦交正常化，首相或外相有必要在某个时期访华。"^②

一个尘封多年的愿望终于开始变成现实，一场关于亚洲两个重要国家之间的交往也开始推进。中国社会科学院日本研究所原副所长张季风曾在《中日经贸关系 70 年回顾与思考》一文中记录道，"1972 年中日双边贸易总额仅为 10.38 亿美元，1978 年猛升至 48.2 亿美元，增幅达 4 倍左右"，这也预示着中日之间的经济合作将迅速展开。而邓小平先生与松下幸之助先生的见面则让人们对中日之间的商业往来、经济合作产生了无限的遐想。不仅于此，邓小平先生与松下幸之助先生见面之前，松下就已经对中国事业产生了浓厚的兴趣。在中日邦交正常化的第二年，时任松下产业株式会社社长松下正治就随同日本商界组织——经团联访问了北京。

1978 年，中国终于迎来了改革开放的新时代。当时，日本 1978 年 10 月 3 日刊发的《读卖新闻》中登载了一位刚刚考察了中国很多工厂的记者的文章，他在文章中满怀深情地

① 邓在军（主编）：《你是这样的人——回忆周恩来口述实录》，人民出版社，2013 年 9 月，第 111 页。

② 中国共产党新闻网，《山重水复、峰回路转 中日邦交正常化内幕写真》，见 http://cpc.people.com.cn/GB/64162/64172/85037/85039/6308696.html。

写道："即将成立 30 年的中华人民共和国，今后的课题是实行高速经济增长，把中国建成一个强大的经济大国。"而中国正在采取的办法则是，"设法加强同外国——以发达的工业国家为中心——的经济关系，在国内则推行讲究能力和效率的路线"。

当时，松下幸之助先生和松下感受到了邓小平先生的坦诚，决心进入百废待兴的中国。当邓小平问："松下先生能否为中国的现代化建设帮点忙？"松下幸之助先生立刻允诺："愿意倾我所有，全力以赴相助。"① 虽然我们无法判定松下幸之助先生为什么对中国未来经济的发展如此有信心，但一些细节似乎能说明问题。

1978 年 10 月 28 日，细雨霏霏中，已经年过八旬的松下幸之助先生站在松下茨木工厂的门前等待着邓小平先生的莅临。当时，在细雨中，邓小平先生向远处的松下幸之助先生伸出手。随后二人的手长时间握在一起。接着，邓小平先生又握上另一只手，而松下幸之助先生则向邓小平先生致以鞠躬礼。

这是一次可以载入史册的握手，它为松下与中国结下了不解之缘。那次旅途中，邓小平先生参观了双画面电视机、高速传真机、汉字编排装置、录像机等产品。他看得非常仔细，详细地询问每一个感兴趣的细节。

---

① 环球网，《邓小平与松下幸之助的"君子之约"》，2021 年 7 月 12 日，见 https://china.huanqiu.com/article/43uM4tMtn6I。

　　据当年陪同人员回忆，邓小平先生最感兴趣的是"自动插件机"。当时中国国内家电产品的生产还多处于手工时代，集成电路板需要工人把无数个电子元件逐一焊接，但松下通过流水线的精密器械，可以自动将元件插到电路板上。邓小平先生不住赞叹，在这个设备前驻足的时间最长。

　　工作人员还展示了微波炉——当年的高科技产品。邓小平先生看到一只烧卖被放进微波炉仅经过几秒后，再被端出来时就冒着热腾腾的蒸汽。他兴致盎然地拿过来尝了一口，说："味道不错，微波炉很好。[①]"这让演示人员十分紧张，毕竟品尝这个环节并没有被设计在流程之中。

　　但是在松下幸之助先生看来，眼前的这位中国领导者敢于打破常规、勇于尝试新鲜事物，对于科技创新充满了兴趣。更让松下幸之助先生感慨的是，邓小平先生谦虚谨慎，对企业家表现出了极大的尊重，他坦率地对松下幸之助先生说："这次我是抱着向你们请教的态度来的。"[②]

　　"过去中国既无外债，也无内债，也很自豪。今后我们要搞现代化了，在自力更生的基础上，准备吸收外国的技术和资金。没有电子工业，现代化无法实现，因此希望松下的电子工业到中国去。"邓小平先生说。[③]

　　松下幸之助先生当即表示："日本应该同中国携手，为

---

① 人民政协网，《"我懂得了什么是现代化"》，2017 年 02 月 17 日，见 http://www.rmzxb.com.cn/c/2017-02-17/1347528.shtml。
②《邓小平与松下幸之助的"君子之约"》，《华声·文萃》（第 8 期），2018 年。
③ 同注②。

世界的和平和繁荣作贡献。松下虽然只是一家企业，但是我们将竭尽所能为中国的现代化事业提供帮助。"邓小平先生对松下幸之助先生的决断深表认可，邀请他去中国考察，松下老先生欣然接受。创始人的这番回答奠定了此后数十年松下进入中国市场的价值格局：每一位松下的员工都应该始终牢记并且恪守为中国经济发展作贡献的宏大愿景。

接着，邓小平先生在松下茨木工厂的纪念册上留下了"中日友好前程似锦"的题词。

那以后松下能作为外资企业的先行者进入中国市场的原因，就在于松下幸之助先生对邓小平先生的一个伟大的承诺，君子之交虽淡如水，亦悠长恒久。

1979年6月，松下幸之助先生访华。他是新中国成立后第一位访问中国的国际级企业家，因此受到了国宾级别的接待。

松下幸之助先生到达北京首日，有关单位邀请他观看了京剧《孙悟空大闹天宫》。几天后，松下幸之助先生与邓小平先生会谈时说："企业管理是一项综合性艺术，经营则是个立体空间，是一门有无限创造性的艺术。中国推进现代化建设需要综合艺术家。前天，我看了京剧《孙悟空大闹天宫》，孙悟空神通广大。企业经营管理者也应该像孙悟空那样神通广大才行。"

这或许是松下幸之助先生的经营思想第一次在中国登场。邓小平先生非常认可，他说："中国的现代化建设就缺

1980 年北京市内的松下广告牌

少孙悟空。"①

　　1980 年，松下幸之助先生再次访华，其间，他对邓小平先生做出郑重承诺：松下愿意独自设立合资企业，与中方展开深入的合作。要知道，当时中国百废待兴，急需"孙悟空"的出现。所以彼时，松下的高层认为，自己面临的课题是要在中国建立能够受到政府和民间欢迎的、理想的合资企业，切实为中国的改革开放做出贡献。由此，松下百年之根本的经营理念——"企业是社会公器"，真正开始在中国的土壤里落地生根。

──────────

① 《邓小平与松下幸之助的"君子之约"》，《华声·文萃》(第 8 期)，2018 年。

1980 年松下幸之助先生第二次访华时登上长城

技术合作

1979 年，在松下幸之助先生访华期间，松下与中国政府签订了《技术协作第一号协议》，向上海灯泡厂提供黑白显像管成套设备，松下的北京事务所随之开设。松下为观望中国市场的外资企业做出了表率，尤其对日本公司影响深远，在其后的 10 年时间里，其他外资公司蜂拥而至。20 世纪70、80 年代，中国许多农村地区都会使用压水井来取井水。为了取水，必须在压水前舀一瓢水做引子，通过增强活塞的密封效果、改变装置内的压强才能压出水来。松下作为中国改革开放建设的见证者和参与者，十分自豪地将自己比喻成这一时期外资企业的"水引子"。

上海灯泡厂应该是最早与松下建立合作关系的中国企业。上海灯泡厂拥有悠久的值得书写的历史。该厂建于1917年——比松下幸之助先生创业还早了一年。上海灯泡厂前身为上海奇异安迪生电器股份有限公司，是中国第一家制造白炽灯的工厂。1952年6月，在全民社会主义改造的浪潮中，上海奇异安迪生电器股份有限公司实行国有化，更名为华东工业部上海灯泡厂，1955年1月再次改名为国营上海灯泡厂。

从1917年到20世纪50年代末，上海灯泡厂主要生产照明及特殊用途灯泡及其玻璃材料。1953年，上海灯泡厂研制出中国第一根直径0.18毫米的钨丝，改变了当时因西方技术封锁、禁运使灯泡生产陷入困境的局面。

20世纪60年代初，上海灯泡厂将普灯和特种灯产品分别转移给亚明灯泡厂和宝鸡灯泡厂，开始转向电真空器件及玻璃、钨钼材料的生产。改革开放之初，上海灯泡厂举步维艰，虽然早在1958年他们就已经开始生产14英寸黑白显像管，但并没有实现民用，而是为了完成政府的任务指标。500元一台的黑白电视机让当时每月拿着30块钱工资的普通人望而生畏。这批显像管被束之高阁，无人问津。

1978年，困难越来越让人压抑，当时工厂有3000名员工，但是没有盈利的渠道，生存之路举步维艰。

正在此时，松下的技术转让让工厂看到了希望。当时松下派遣青木俊一郎来落实技术转让等合作细节。不仅上海灯泡厂，上海电子管二厂、四厂，南京电子管厂都希望获得合作机会。

不过，青木等人更看重上海灯泡厂的技术积淀，而且松下发现，相比于其他工厂，上海灯泡厂的设施更加完善，厂内有煤气、氢氧发生器，还有必不可缺的深井水，并且有自己专用的码头——在那个交通还不便利的时代，这一点尤为重要。

进入谈判阶段，双方发生了分歧。松下方提议可以卖出一部分技术，上海灯泡厂领导希望全面购入生产线，从而实现灯泡厂技术的彻底升级改造。

最终，上海灯泡厂引入了松下的显像管技术。松下精心调研之后认为，当时中国的电视机市场刚刚起步，会像20世纪50、60年代的日本一样，迅速普及普通家庭，电子时代将迅猛到来。中国潜在的消费市场非常巨大，显像管技术一定会炙手可热，而且能创造出巨大的价值。

如果说在谈判阶段，中日双方还力图求同存异，那么在合作真正开启之后，上海灯泡厂深刻感受到松下一方的诚意。

协议达成后，上海灯泡厂派出总人数为57名的骨干人员去松下考察、学习。这50多位技术人员在松下工厂，内心受到了极大的震撼，松下的技术人员毫无保留地敞开怀抱，倾囊相授。他们在生产线上拆解机器，然后再组装起来。松下的技术人员极为严格、严谨、一丝不苟。哪怕一个螺丝钉都不能装错。这6个月的研修极为重要，那些参与者就像亲历了一场战役，而战役将结束，他们都成了将军，能够独

1979 年松下向上海灯泡厂提供黑白显像管成套设备，
实现第一次技术合作

当一面。

1980年，上海灯泡厂开始进入新的建设阶段。技术人员意识到师傅带徒弟的方式有着旺盛的生命力——日本技术支援人员就是师傅，中国员工是徒弟。当这些徒弟技术日臻纯熟之后，再教给新人，新人又变成了徒弟。奇迹就这样造就了出来。

有一个细节体现了松下与上海灯泡厂合作关系的亲密无间。当时，产品线上出了新问题，变压器由于老化无法工作，变速箱也屡屡出现故障，中方向松下求援。针对问题进行了耐心的了解之后，松下引入了全套新的设备，确保工厂按时开工。

作为当时中国引进第一条显像管生产线的企业，上海灯泡厂创造了一个奇迹——实现了当年生产、当年赢利的业绩，多年欠款也如数偿还。

1979年，在与中国确定合作关系后，松下幸之助先生亲自来到上海灯泡厂参观。彼时，他已经84岁高龄。这个标志性的举动无疑加深了中日双方之间的信赖程度。一方倾囊相授，一方虚心求教。本次合作为此后40余年松下在中国的事业开启了行动的起点。

日本"经营之神"

与上海灯泡厂的成功合作成为一种范式，很快，松下与中国企业的联络变得更加密切和频繁，双方都坦诚相待、取长补短，造就改革开放之初中国商业世界颇具活力的经典故事。更重要的是，松下还将松下幸之助先生倡导的管理哲学引进工厂，给了很多中国企业家极大的触动。

1984 年被称为中国企业元年。这一年，很多如今脍炙人口的公司开始涌现出来，成为中国改革开放之后极为重要的商业叙事之一，那时涌现出很多优秀的企业家。当时，他们或许也没想到，自己日后会成为被崇拜的偶像，他们的一言一行都会成为某种范式供人效仿。而对于这些企业家来说，当时向松下，或者向松下幸之助先生学习，是他们必经的经营思想的历练。

这大概是因为，松下幸之助先生所倡导的管理哲学与那一代中国创业者之间有着一定的思想联动。经济学家戴尔·乔根森研究了日本工业生产的各种因素，得出一个结论：日本工厂使用的技术的现代化程度，在 1973 年已超过美国。松下当然就是其中的典范，这并非偶然出现的结果，而是在松下幸之助先生一直秉承的经营理念驱动下得以实现的。

松下创始人松下幸之助先生艰苦打拼的故事广为人知，这个故事成为影响中国早期企业家的精神上的一个神话。其实，比起松下幸之助先生所创造的财富，他用产品来满足人们"希望过上更美好的生活"的愿望更让人着迷。在改革开放之初，松下推出的电视、洗衣机、电冰箱、电熨斗等产品成为国人走向富裕的标志，彩电、冰箱和洗衣机这"三大件"也成为那个年代的群体记忆。企业作为"社会公器"的作用在中国普通百姓的生活中也慢慢体现出来。

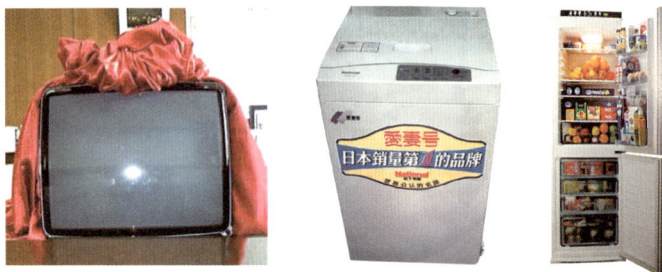

中国 20 世纪 80、90 年代的 "三大件"

　　还有一个故事也让中国企业家感到很有参考价值。1950年，松下已经成长为资产高达 27 亿日元的巨型企业，但松下幸之助先生在出访美国之后却陷入了焦灼。他发现，在美国，收音机成为家庭生活娱乐的必备品，这在一定程度上是因为美国的收音机质量好，价格低廉，每台在 24 美元上下。一位美国工人每天的平均收入是 12 美元，也就是说他们工作两天就可以买一台收音机。而当时日本的收音机价格在 9000 日元，一位日本工人每月的平均收入是 6000 日元。他们辛苦工作一个多月才能购买一台收音机。

　　究其原因，松下幸之助先生认为，美国的收音机体积小、携带轻便，制造成本自然很低。而日本的收音机体积大、工艺落后，产量很低，所以价格就高。松下幸之助先生决定优化收音机，让它走进寻常百姓家。

　　经过市场调查和不懈的努力，松下幸之助先生终于开发出质量更优、体积更小的收音机。但起初这种产品并没有获得认可，松下的代理商们反而遭遇了无数次的退货。松下幸之助先生买回了几台收音机，潜心检查。经过几天几夜的研究，他发现这种改良的收音机其实没有大家想的那么劣质，同时找到了机器内部存在着"螺丝没拧紧"等细节上的问题，而正是这些细枝末节影响了产品质量。

松下幸之助先生找到制造商，告诉他们在工艺上应该更严谨，可是他得到的答案是："我们只能造成这样，不满意您自己组装。"无奈之下，松下幸之助先生调集几个人组成了专门小组，用来开发更完美的收音机。

经过几个月的努力，松下终于研制出了自己独立研发的收音机，之后不久，他们又把真空管导入收音机，产品立刻在全国受到热烈欢迎，松下也成为当时收音机销量冠军企业。

松下幸之助先生曾经说："经营就是从'无'当中制造'有'，通过生产活动给所有人带来富足丰裕的生活；以优良的品质，用消费者能购买的价格，把商品像自来水一样源源不断地为顾客提供出来。使顾客常受益，才是企业获益的最大源泉。"

经历过困苦的那一代中国人当然渴求物质生活变得丰富起来，而让消费者生活变得日益充盈则是那一代企业家的使命和责任。作为外资企业来说，松下也有幸成为这一过程的同行者。

对于商业世界来说，松下幸之助先生的意义还在于将商业行为上升到一个更高的境界。比如，"企业是社会公器"，这与中国近现代倡导的"实业救国"异曲同工。而"造物之前先育人"则符合当时中国需要培养大批科技及管理人才的需求。

而且，松下幸之助先生的管理哲学、思想都具有一种大众化的语境，换句话说大部分人都能听懂，比如他提出了"下雨打伞"的理论，就是企业要顺应趋势和变化，做应该做的事情。这些言简意赅的表述，后来成为刚刚迎来曙光的中国企业家的精神目标，要知道这些企业家刚刚觉醒，急需经营思想的参照物。而松下幸之助先生的创业故事、他对商业的洞见则成为这批人早期的经营思想启蒙。

随着年龄的增长，松下幸之助先生更喜欢一个人冥想，他在接受采访的时候总是说："我现在关心的是人性。"

从本质上来说，他是典型的旧式日本商人，保持着传统的习俗。他的语言朴实无华，虽缺乏华丽的辞藻，但十分实用，能在最短的时间内打动员工。比如，他告诉员工，创造出好的产品需要必死的决心。用生命来做赌注就有勇气去应付一切困难。

那么，什么是必死的决心呢？松下幸之助先生解释说，人活着其实是站在死的悬崖边，比如交通事故、地震、火灾，等等。既然活着都可能随时死去，那就得把造物当作最后一件事业来做。这就是必死的决心。

更重要的是，松下幸之助先生将对人性的关注引入到了企业管理层面，这就引发了中国早期企业家的反思。财富、公司、员工与社会到底是一种什么样的关系，企业家精神又该如何去诠释？企业在社会发展中的价值究竟在于何处？时至今日，这样的思考也从未停止过。这又何尝不是松下这样一家百年企业为中国社会带来的另一种价值和贡献？

邓小平先生和松下幸之助先生的"君子之约"很快在神州大地上变成了现实。

当时中国的电子工业正处于起步阶段。虽然 1956 年中国的实验室中已经诞生了第一支完整的 PN 结特性、具有 PNP 结型晶体三极管的标准放大特性的锗合金结晶体三极管，这让中国电子行业发生了划时代的变化，但此后的岁月里，电子工业依然没有大规模地改变普通人的生活。业内人士认为，1978 年才是中国电子工业发展的元年，而正在此时松下率先参与进来了。

当时，中国对电子工业的希望中包括自 1978 年起的"以军为主"转向"军民融合"，一些企业家也将自己的目光投向了电子产业，而既有的国有电子产业公司则在试探着进行转型。这个过程极为复杂、艰辛，日后很多知名企业杀出重围取得了举世瞩目的成就，也有一些公司出于种种原因销声匿迹，沦为商业史的尘烟。

其中，松下在与上海灯泡厂的合作中获得成功，在中国的事业由此逐渐展开。

第二章

电子盛宴，丰富生活

画卷徐徐展开

不得不说，邓小平先生访日直接推动了中日之间的合作进程。时间跨入20世纪80年代之后，日本企业进入中国、与中国公司展开合作的新闻屡见不鲜，日本品牌的电视广告更是家喻户晓。其中有一个非常典型的合作案例就是四川长虹项目。

在四川绵阳，一家名叫长虹机器厂的工厂突然跃升为全国最大的彩电制造企业。跟其他的中国本土企业比起来，长虹的转型果断而迅速。不能否认的是，松下的技术支持推动了这一进程。双方在1979年达成合作意向，长虹从松下引入全国首批具有批量生产彩色电视机能力的生产线。其后在彩电炙手可热的1988年，厂长倪润峰又研制出第一台立式遥控机型，他还组织了200多名销售员"找市场"。技术优势和大胆营销推动长虹成为全国首批45家国家一级企业中的一员，而且是西部唯一的一家企业。

松下幸之助先生极为重视信义，他对邓小平先生坦率的请求一直记忆犹新。而中方也笃信与松下等日本企业合作是实现中国现代化的加速器。在纪录片《百年小平》中，时任外交部亚洲司日本处副处长的王效贤回忆说，小平这次到日本除了互换条约的批准书以外，他是带着设计他的改革开放的这样一个蓝图，要向日本去学习。王效贤记得邓小平在松下电器公司对松下幸之助老先生说：要搞四个现代化，没有电子工业不行，所以我要看你的工厂，而且希望你能够把日本的电子工业动员起来，共同到中国去投资建厂，我们要向你们学习。①

毫无疑问，松下率先进入中国确实起到了引领作用，此后很多日资企业来华合作。而松下在此之后，数十年如一日地在华事业中一直坚守"企业是社会公器"的理念，在中国发展便以"解决中国的社会课题"为使命。

对于当时的中国人来说，物质需求极为强烈，彩电、冰箱、洗衣机被称为"三大件"。1979 年的英国《经济学人》在年终报道中称："在经过了 20 年的匮乏后，北京的各项指数开始疯长。1979 年，中国制造了 3.34 亿条麻布口袋、8.5 亿个白炽灯泡、18.6 万辆摩托车，130 万台的电视机产量更是比 1978 年增长了 157%。"毫无疑问，一个物质极大丰富的时代拉开了序幕。

而对于松下来说，首先提升中国制造"三大件"的实力迫在眉睫。说起"三大件"颇有意思。在 20 世纪 70 年代，中国老百姓将手表、自行车、缝纫机视为"三大件"。跨入

---

① 《百年小平》（纪录片），中共中央文献研究室、中央电视台，2004 年。

1980 年松下在中国举办综合电子技术交流会

中国日本友好协会副会长赵朴初（时任）（中）与第四机械工业部
部长钱敏（时任）（左）在松下社长山下俊彦（时任）（右）
陪同下观展

80 年代，新的"三大件"分别是彩电、冰箱和洗衣机，因为它们能让人们的生活更加便捷，也引领人们有更多的闲暇去享受生活。可以肯定的是，至少在中国物质生活不断丰盈的过程中，松下做出了不懈的努力和可资记忆的贡献。

1987 年，北京·松下彩色显象管有限公司（以下简称"松彩"）的成立几乎成为电子领域的一个神话：当年建成、当年投产、当年赢利。一时间，松彩成为行业翘楚，也开辟了中国显像管行业的新路径。

松彩拥有一段值得分享、品味的历史。这家合资工厂的建立，无论对于中方还是对于松下来说都意义深远。在合作之前，松下产业株式会社的山下俊彦社长（时任）访问了上海、深圳、广州等地的多个工厂，同实施技术援助的对象公司负责人反复研讨之后，做出一个"决断"：松下要向中国政府和民间展示什么才是一家真正具有国际竞争力的合资企业，要实现这个目标，最佳的合作地点一定是中国的首都北京。在合作生产的产品上，松下选择了当时中国比较紧缺的、需求又很紧迫的彩电显像管事业。由此可见，松下致力于帮助中国社会解决课题的决心贯穿始终。

实际上，早在 1978 年，中国已经从日本引进成套技术设备，在陕西咸阳建设了第一家生产彩色显像管的现代化大型企业——陕西彩色显像管总厂。1982 年 12 月 3 日，该厂经国家验收批准，正式投产。当时这家工厂主要生产 14 英寸和 22 英寸的彩虹牌彩色显像管，它的建成投产，结束了中国不能配套生产彩色电视机的历史。彩虹牌彩色显像管成为大多数国产品牌彩色电视机的首选显像管。

1984 年，中国政府决定建设第二家显像管厂，北京电子管厂全力参与竞标。当时，北京电子管厂的厂长是张仲文，他的继任者则是大名鼎鼎的王东升，后者创办了一家享誉世界的半导体显示器企业——京东方。

当时北京电子管厂已经有了显像管的生产经验，所以他们在颐和园的招标大会中脱颖而出，成为中国第二家显像管制造企业。

可当时尽管北京电子管厂拥有一定的生产经验，但依然缺乏科技实力、技术人才和可实现大规模生产的产品线，他们几乎没有足够的实力满足消费者日益增长的需求，所以，公司必须找到一家海外的合资企业嫁接进新的大脑和技术，松下和其他一些知名外资企业都在考量的范围之内。

1984 年，松彩开始建设，当时周围的设施之不完善，今日恐怕难以想象。

今天，酒仙桥地区到处是产业园区、艺术园区，而在 40 多年前，那里还是一片荒地。当时要在此地建设 20 万平方米的工厂需要电力部门、水利部门等一系列机构的审核，据统计，至少要盖 25 个章。而按照协议，这些章必须在 3 天之内完成。张仲文辗转找到了市政府领导获得帮助，才在极短时间内完成了所有审批工作。

然而，就在松彩即将开建的时候，问题又出现了。当时按照协议将建成两条生产线，然后扩大到八条，由于中国缺乏技术人才，松下非常理智地提出，工厂车间主任、核心技术人员的宿舍不能距离生产线太远，最好五分钟就能回到生产线上来，这样可以避免出现问题无人问津的情况。

中方表示理解，但在哪里建设宿舍呢？张仲文想了一个出人意料的办法。他花了当时的天价 2 万多元做了一个模型，三座楼宇连接起来，从远处看就像一艘巨舰。张仲文给它起了一个名字叫"京城第一景"。在楼下可以看到穿行而过的机场高速公路，而机场高速公路上那些飞驰而过的汽车也能看到这"第一景"。

他不是设计师，但为了松彩的建成四处奔波。他拿着模型四处奔走，几经周折，终于获得了市政府规划部门的审批。不夸张地说，今天人们在首都机场高速路上看到的风景就是那时候播下的种子。

松下在中国大陆成立的第一家合资企业：
北京·松下彩色显象管有限公司

1986 年 11 月 27 日，松彩恰好在松下幸之助先生的生日这天签署了协议书，意味着这家合资工厂的成立。严格来说，松彩是松下幸之助先生与邓小平先生约定的第一项事业，也是两位巨人"君子之约"的起点。此后经年，松下在中国的事业日益大规模地开展了起来。

1987 年，松彩成立，开辟了中国显像管行业的新路径。此后，松下更以义无反顾的精神投入到中国市场上来，努力践行创始人松下幸之助先生的承诺，也笃信自己肩负着为中国经济发展作贡献的使命。40 多年的峥嵘岁月中，松下的坚持从未动摇过。

1980 年，松下创始人松下幸之助先生第二次造访中国的时候，邓小平先生就曾对松下的诚意表示极大赞许。当时，松下幸之助先生因未能广泛呼吁到日本电子工商业与松下一同参与中国改革开放的工业化建设，特意在第二次访华时向邓小平先生致歉。邓小平先生说："事情没办成不要紧，但情谊仍在，只要彼此有合作的愿望就行，中国开放的政策也不会变。"① 友好而坚定的"君子之约"最终以松彩成立而落定。

此后，松下在中国的业务不断扩大，为中国经济发展、人民生活水平的提升做出了贡献，公司没有辜负邓小平的这句评价。大概正因如此，1989 年，时任国务院总理李鹏

---

① 环球网，《邓小平与松下幸之助的"君子之约"》，2021 年 7 月 12 日，见 https://china.huanqiu.com/article/43uM4tMtn6I。

在考察时对松彩寄予厚望，表示："希望把北京·松下彩色
显象管有限公司办成国际第一流的企业，中外合资企业的
典范。"

从繁重的劳动中解脱出来

比起彩色电视机，洗衣机技术在中国似乎更有技术积
淀。1978 年，无锡小天鹅推出了中国第一台全自动洗衣机，
时至今日，人们也认为正是这台全自动洗衣机的问世，彻底
改变了中国人的洗衣方式。1979 年 3 月，中国第一台单缸洗
衣机在北京洗衣机厂（现并入北京白菊电器集团）问世，命
名为白兰牌，型号为白兰 I 型 13。

从某种意义上来说，日本过去家电行业的发展亦是中国
的镜像。所以松下刚刚开启中国之路的时候，就意识到跟当
年日本一样，电子产品会迎来一个大爆发的时代，而洗衣机
一定能引起消费者的强烈需求。

这或许都是受松下幸之助先生在 20 世纪 50 年代的一次
美国远行的启发。1951 年，松下幸之助先生赴美考察，他惊
奇地发现，美国妇女热衷于用洗衣机来洗衣服，从而让自己
从繁重的家务中解放出来。而日本，家庭主妇是一个庞大的
群体，洗衣机一定会有巨大的需求和市场。

松下立刻开始投入研发洗衣机。这一年的 9 月，松下第
一台搅拌式洗衣机 MW–101 投产，容量为 2.0 千克，配有
圆形搪瓷水箱和开关，但是还没有甩干功能。在营销方面，

松下员工以每月销售 500 台为目标，开着满载洗衣机的卡车穿过高档住宅区，或在电器商店展示洗衣机，不遗余力地推销新产品。到 1955 年，松下每月生产超过 5000 台洗衣机。

松下幸之助先生所说的"自来水哲学"，其寓意也正是如此：生产出的冰箱、洗衣机这些家电产品能够像自来水一样价格低廉且源源不断地提供给社会，以此提升人民的生活幸福感。

改革开放之后，这个思路跨过大海来到中国。

金鱼洗衣机是中国洗衣机企业的先行者。1984 年之后，洗衣机成为炙手可热的产品，在中国的市场迎来井喷。同年，金鱼洗衣机产量突破 40 万台，跃居全国之首。不过，虽然处于中国洗衣机行业的顶端，但金鱼洗衣机厂依然热切地渴望变革，他们希望能依靠外力进一步扩大产能、提升产品质量。

金鱼洗衣机与松下的合作始于 20 世纪 80 年代，技术合作提升了金鱼洗衣机的产量和质量，但当时中国的洗衣机市场竞争也越来越激烈。为了实现技术的提升，金鱼提出与松下合资建设工厂，以此应对变化莫测的市场环境。1992 年，双方正式确立了合作关系，这是继松彩之后，松下在华投资的第二家企业。

当时的合资工厂中方领导后来回忆起当年的情况，还不胜感慨：

"1994 年双方启动了第二家合资工厂，即杭州松下家用电器有限公司（以下简称'杭州家电'），这是一次由'技术合作'转为'双方共同投资'的新模式合作，它源自双方的信任，也因为松下被我们锲而不舍的精神打动。新模式对企业的发展，对提高在中国市场的占有率发挥了很大的作用。"

今天来看，这也是一次值得称道的合作典范。早在 2001 年，合资双方就已全部收回投资。截至 2010 年，杭州家电累计销售收入超过 264.22 亿元。此后双方合资合同又延续了 20 年，这也无疑是基于双方信任的合作关系，是中国合资企业的成功案例。

松下洗衣机事业的成功，还带来了"渔场效应"。在杭州家电之后，杭州松下马达有限公司、杭州松下厨房电器有限公司、杭州松下住宅电器设备（出口加工区）有限公司、

1999 年杭州家电的洗衣机产量累计达到 500 万台

松下电化住宅设备机器（杭州）有限公司和松下家电研究开发（杭州）有限公司相继成立。他们在各个领域创造价值，刷新管理理念，成为中国改革开放进程中的重要角色。

不仅如此，一系列合资工厂的建立为杭州带来了大批人才，就如同松下幸之助先生说的那样，造物之前先育人。这也是为当地带来了无形的人才"财富"，亦可谓松下为中国社会做出的一种贡献。

此后，松下在杭州成立了松下制造技术学院，培养在华投资企业的制造技术骨干，学期1年。其实，它的学费比一些出国留学的花费还要昂贵，但获得的收获物超所值。

作为刚刚拥抱改革开放的中国企业领导层如何与日本合作方进行有效的沟通呢？时任工厂的中方经营领导是这样回答的："在与每一位交流时，我们始终坚持站在对方的立场上考虑问题。双方作为合资企业的委派，要站在合资企业的立场上，把各项工作做好，把合资企业做好，双方都得利。"

风雨同行，合作共赢

彩电、洗衣机是松下第一批进入中国的典型产品，也缔造了松下在中国开展事业的成功范例，此后的多年间，松下毫不迟疑地不断深入与中方合作伙伴的关系，在各个领域都取得了可喜的成绩，也让中国消费者感受到拥有家电的喜悦。

1992年，对于中国来说意义重大——这一年市场经济被

授予松下正治先生"人民友好使者"称号

2000 年中国人民对外友好协会授予松下会长松下正治（时任）
"人民友好使者"称号

确定下来，几乎影响和改变了中国之后数十年的发展方向。
而很多后来声名鹊起的中国企业家，也在这一年迈出了自己
创业的脚步。

　　1992 年，《福布斯》杂志则用另一种语调写道："在这个
世界上，任何意外都可能发生，而像中国总有一天会崛起成
为经济强国这样确定的事情已经很少了。"也是在 1992 年，
跨国公司开始改变自己观望的态度，松下在进入中国的十多
年里，从未发生过搁浅情况。

　　对于松下来说，1992 年是事业的延续和深化。这一年伊
始，松下将中国视为最理想的销售、生产基地之一，开始大
张旗鼓地扩大事业规模。除了松下洗衣机之外，还有电熨斗
工厂等陆续设立；1993 年，事业扩展到空调、换气扇、干电

池等八家工厂。1995 年，松下的电冰箱工厂成立，同时还开始涉足燃气、冰箱用压缩机等领域。到 2001 年的时候，松下在中国的合资工厂达到了 40 家。

当然，作为早期进入中国市场的跨国企业，松下与中方的合作也并非处处一帆风顺。那个时代，很多人以在外企工作为荣，但其实松下在中国的发展路途中也充满着艰难困苦，需要不屈不挠的精神去克服种种困难。松下与中方合作伙伴在不断出现的矛盾中探寻求同存异的方式，幸运的是，这多年的合作中，彼此不断磨合，因为有共同的梦想，双方能够消除异议，走向共赢。这也是松下在中国事业的主基调。

时至今日不曾动摇，2021 年的一份嘉奖便能说明。大连市人民政府表彰 35 家大连市优秀外商投资企业，其中包括合资公司中国华录·松下电子信息有限公司（以下简称"华录松下"）。大连市人民政府认为"2020 年度，面对新冠肺炎疫情的冲击和复杂多变的经济形势，华录松下坚持奋力拼搏、稳中求进，依法诚信经营，在实现企业自身发展的同时，积极投身社会公益事业，自觉履行社会责任，为推动大连市经济社会发展和新时代'两先'区建设做出了积极贡献"。

这是一份非常让人动容的褒奖，也是对华录集团与松下友好合作关系的认可。但鲜为人知的是，这家公司建立的时候历经诸多困难，松下与华录携手共进、一往无前才取得了今天的成就。

回看 1992 年，合资工厂开始建设，1993 年底工厂开始试生产，1994 年松下与华录才正式成立合资公司。合作的模式是中方提供土地、厂房，松下提供技术支持。

当时参照了日本的工厂设计思路，合资公司的目标是：第一，要建大型厂房，让物流缩短。第二，减少厂房里的柱子，要让生产线既漂亮又好排列。

最终 300 米长、150 米宽的厂房建成投产，其背后的艰难过程超乎想象。彼时，大连工厂周边还是一片荒地，甚至没有一家小卖部。环境艰苦，工作繁重，后来随着松下团队入驻，工厂才临时搭建了一家宾馆，名叫华录宾馆，如今它依然矗立在工厂旁边。

但宾馆里没有洗澡水、没有热水，就连自来水都会时不时停水。"日方工作人员确实是不容易。"中方一位负责人曾回忆道，"从宾馆到厂房要先下坡再上坡，虽然距离只有十分钟，但路很滑。有时候，风特别大，风一吹过来就得赶紧抱着树，不然就被吹走了。走路都会被刮着往前走，声音也特别吓人"。他对于松下人的敬业与勤奋十分感慨。

不过，松下与中方的关系也在不断加深，共赢成为主旋律。当时中方人员去日本松下学习考察，他们被松下工厂整洁的环境、高效的生产，特别是智能化设备所震撼。回国之后，中方开始与松下洽谈，不仅仅希望引入生产线，更希望将电脑系统也一并纳入进来。最终，中方以 1500 万美元的价格购入松下的生产系统。

工厂即将开工之际，技术培训成为重要问题。为了在短期内完成技术人员的水平提升，中方决定派遣 400 人去日本松下研修。当时负责签证的工作人员说，除了奥运会，他还没有接待过这么大的团队。

在此后的合作中，松下的派驻人员一直秉承进入华录松下就是华录松下的人，与中方进行真诚的合作。

有一个典型的故事是：1995 年，华录松下生产线被迫停运，库存高达 30 万台而无人问津。工人回家待岗，只能拿到基本生活保障。

问题该如何解决呢？合资工厂想到了一条出路，那就是自己生产录像机的整机——毕竟华录松下掌握了核心技术，生产整机并不困难。虽然中国录像机市场在萎缩，但是欧美依然有着广阔的需求，如果华录松下的产品能卖到美国去，不是就可以解决燃眉之急吗？

可是新的问题又出现了：松下录像机在美国很受欢迎，如果合资工厂的产品进入美国市场，岂不是成为松下的竞争对手？

但松下本着立足中国、支持中国事业的心态，坚定地推动合资工厂出口产品。1996 年，华录松下的整机录像机出口美国，当年销售额达到 6 亿美元，产量为 30 万台。

同时，合资工厂还在关注新事业。当时 VCD 已经非常普及，但华录松下认为，如果追随别人也做 VCD，早晚还是会陷入录像机时代的窘境。他们敏锐地洞悉：DVD 有可能迅速崛起。为了研究 DVD，中方领导特意花 3 万多日元从日本买了一台松下 DVD 机进行研究。

但是如何才能掌握 DVD 的核心技术呢？已有的录像机

生产线该如何处理呢？松下又一次伸出了援手。时任总裁中村邦夫同意回收录像机生产线，同时以相对优惠的价格转让松下的 DVD 技术。也就是说，华录松下用卖录像机生产线的钱，开辟了 DVD 的生产线。

这背后看不到利益的纠葛，只有共同为事业谋发展的相互信赖与支持。

进入 DVD 领域是华录松下做出的正确判断，在 1998 年 DVD 投产之后，业绩起色明显。1999 年，合资工厂消除了赤字。同时，产品还远销北美市场，这也得益于松下的无私支持。那一年的年会上，中方、日方管理者为能够携手同行的经历感到欣慰和振奋，那晚大家都开心地喝醉了。

第II部分

新时代　新松下

第三章

百年回眸，不断新生

回眸

站在今日回望过去会发现，从 20 世纪 80 年代进入中国市场以来，松下乘着中国改革开放的巨浪，在华的事业取得了飞跃进展，这得益于中日双方的共同努力，也展现了松下幸之助经营理念的生命力。作为创始人，松下幸之助先生的很多管理哲学推动着松下员工永远怀抱着创业的心态去完善经营工作。松下幸之助先生倡导的"素直"哲学也是在不断地警醒松下员工自身，是否保持着谦逊、单纯的理想去工作、生活。所谓"素直"，日文中的常见意思是指"率直、坦荡"，但松下幸之助先生将"素直之心"定义为"不被任何事物束缚的、能看透事物真相的心"。

2001 年，松下在华企业达到了 40 家，经营领域涉及显像管、洗衣机、空调、换气扇、录像机、微波炉、冰箱、电饭煲、电灯、电池等诸多行业。虽然看似遍地开花，但松下从未背离提高人们生活幸福感的初衷，在自己熟知的地域精耕细作。

松下幸之助先生在 83 岁高龄的时候，曾经总结自己 60

年的经营经验。他认为，自己获得成功、广受社会尊重的原因在于，一直把践行正确的经营埋念放在首位。而正确的经营理念的选择与其心智模式息息相关。"心智模式是深植于人们心灵深处的各种图像、假设和故事。就好像一块玻璃微妙地回光反射了人们的视野一样，心智模式也决定了人们对世界的看法。"

通俗地说，心智模式就是每一个人理解与看待周围事物的思维模式。这种思维模式是在长期的生活、工作和学习中形成的，它以一个人的价值观及世界观为基础。有些企业实施跨国经营时，按以往在国内取得实效的经验来推而广之，到其他国家或市场上使用时，用旧的思维模式来开展经营管理活动，这种选择多半会背离当地市场的独特性，陷入某种困境。

而有些领导者能随着市场的变化，更新自己的思维方式，按市场规律办事，不拘泥于旧方法，他采取的必然是全球化经营的方式。当然大多数企业家在经营时会考虑各国实际情况，但由于其心智模式未进行根本转变，在具体操作中不自觉地会犯错误。因此，企业家在进行跨国经营时，应把握正确的心智模式，用正确的心智模式来引导自己的经营理念，这样才能在跨国经营中奏响凯歌，同时为当地的经济社会发展、人们的生活改善做出一些贡献。

松下进入中国之后，与中国构筑了血浓于水的关系，彼此支撑、共赢共存。这也是松下幸之助先生最初的构想。松下很高兴看到这个想法变成了现实。

手把手地教给员工。

到了 1929 年，松下幸之助先生又将"住店员工制度"发展成为"见习员工制度"。因为企业规模逐渐扩大，员工人数也越来越多，不可能让所有员工都住在企业里，于是改为实行"见习员工制度"，让刚刚进入工厂的年轻员工在一定期间内在工厂吃住，对他们也是像对"住店员工"一样，教他们该如何做人，手把手地指导他们如何做事。同时，他们能最大化地接近工作的地点，与工作现场产生某种亲密的联系。

此外，以松下 5S 为核心的管理模式在所有在华企业中应用，甚至开始输入到中国本土公司中。5S 管理是一种基于现场的管理方式和思想，5S 即整理（SEIRI）、整顿（SEITON）、清扫（SEISO）、清洁（SEIKETSU）、素养（SHITSUKE），又被称为"五常法则"。

虽然 5S 管理并非松下首创，但松下可谓 5S 管理的代表性企业，并成为它在中国的"推广大使"。1986 年，关于日本的 5S 的著作逐渐问世，对整个现场管理模式起到了冲击的作用，并由此掀起了 5S 热潮。回顾中国改革开放之后的商业史会发现，5S 管理诞生于日本，又在中国的土地上落地生根，成为很多本土企业效仿的管理模式。它重视现场，强调效率，能够最大限度地减少浪费。因此，在刚刚迎来制造业的春天的中国，5S 其实更加普世也更加容易落地，成为很多公司学习效仿的改善制造业的管理方式。

日本企业中，松下、丰田汽车都是 5S 运用的典范。而随着松下等公司分别进入中国之后，很多本土企业也开始导入 5S 管理范式。

当然，"现场理论"等只是松下管理的具体方式之一，在松下进入中国之后，松下幸之助先生的经营理念亦获得了商业界的广泛认同，并得以发扬光大，甚至在中国的企业界掀起了传播松下幸之助经营思想的热潮。从 1989 年开始，松下创始人松下幸之助的著作在中国面世，引发了中国企业家、管理学者的广泛关注。中国社会科学院哲学研究所的滕颖教授曾参观了松下历史馆，还阅读了松下幸之助先生的《实践经营哲学》并且为之倾倒，她说：这才是中国的经营者、领导者今后必须读的书。

在此后的十年间，松下幸之助先生的著作不断被介绍到中国来，包括《人生谈义》《松下幸之助·我的经营理念》《实践经营哲学》，以及时任松下产业株式会社社长松下正治所著的《经营之心》等。可以说，这些作品陪伴了一代代中国企业家的成长与成功。

不仅如此，还有越来越多的机构组织开始研习松下幸之助先生的经营理念和管理哲学。1991 年，PHP 研究所（PHP=Peace and Happiness through Prosperity，即"通过繁荣实现和平与幸福"，研究所由松下幸之助先生创立，业务范围包括出版、研究、研修活动等）召开了经营研讨会。在 4 天的会议中，松下的管理者向中国企业家和企业界人士详尽介绍了松下幸之助先生的经营理念和经营技巧。从数据来看，有 200 多人参加了此次活动，合作方包括中国企业管理协会教育训练中心、中国企业经营咨询公司、清华大学经济管理学院以及中国社会科学院哲学研究所等。

这次盛会可谓星光璀璨、智慧激荡。中国企业管理协会会长、中国企业家协会会长、中国日本友好协会副会长、政府相关领导悉数到场，松下驻华事务所首席代表青木俊一郎、松彩总经理蜷川亲义也出席会议并且致辞。松下幸之助先生所倡导的经营理念、世界观、人生观以及"自主责任经营"、"集思广益全员经营"、"培养人才"、"顾客至上的精神"、《松下式萧条对策》等内容都受到了与会者的广泛认可。

1998 年 11 月 6 日，在北京中国历史博物馆举办了为期 5 天的"松下幸之助展"，这次展览划分为三个模块，即松下幸之助生涯、经营理念和与中国的合作。展览通过图片、视频和实物展现了松下幸之助先生的经营智慧、实践技巧以及对中国的深厚情感。诸多政府领导、企业界人士以及学生、市民参观了这次展览，参观的总人数超过 6000 人。

可以说，松下幸之助思想的正面影响不仅仅局限于经营管理，还在于他对世界的认识，他对企业家精神的诠释，他对人民生活是否幸福的关切，相信这也是松下幸之助先生能获得各界人士尊敬的主要原因。

1998 年"松下幸之助展"于中国历史博物馆举办

1998 年"松下幸之助展"于上海图书馆举办

努力实现现地决策，为中国作贡献

松下的创始人松下幸之助先生认为，"企业的利润是衡量其社会贡献的尺度"。松下将收获的利润用于纳税、再投资、再生产、再研发，用于回馈股东、提升员工福祉，这将有利于社会技术的进步、经济繁荣以及民生幸福。因此，松下始终坚信，更好地发展事业就是为社会作贡献，对于在华事业的看法，也是一以贯之。

20 世纪 90 年代中期，松下在中国的事业越来越广阔，同时，越来越多的在华工厂意识到，他们需要一位协助者，帮助他们完成销售、人才培养、法律解读等复杂的工作，而时间进入 20 世纪 90 年代之后，"公司总部"的概念已经开始浮出水面，于是松下顺应时代成立了中国总部——松下

1994 年松下电器（中国）有限公司成立

电器（中国）有限公司（以下简称"松下中国"）。

　　松下中国刚成立的时候，承担了销售的职能，但更重要的工作是协助在华企业开辟事业，在知识产权、法务、人才培养、品牌传播等层面全方位地支援松下在华企业，从而帮助他们扩大事业规模，输出更优质的产品、人才和更值得推广的生产、经营理念。比如，今天唐山松下产业机器有限公司（以下简称"唐山松下"）的电焊机产品已经取得了骄人的战绩——上海世博会里面的电焊机都来自松下，每年吸引无数人参观的鸟巢在建设时也使用了松下电焊机。而唐山松下正是在松下中国的推动下得以建立起来的合资工厂。

1994 年唐山松下产业机器有限公司成立

　　这样的案例数不胜数，无论是法律问题还是知识产权、质量把控，松下中国都成为在华企业可资信赖的合作伙伴。

　　为帮助和促进在华工厂发展的松下中国的成立和发展，印证了松下对中国市场的贡献，以及努力为中国经济发展作贡献的决心。需要强调的是，松下中国其实是松下在华企业的支援服务公司，并不会干预各个企业的独立决策，松下中国可以算松下在华企业的合作伙伴，陪伴他们共同成长。

　　还有一方面的努力不得不提。在最近的 20 年间，松下越来越深地植根于中国市场，为中国培养了大量优秀的人才，促进了本地的研发水平的提升。

　　2000 年，时任松下总裁的森下洋一来到中国。晚上，他盛邀松下在北京的企业总经理参加晚餐恳谈会。会上，各个公司的总经理都提出，松下在中国事业的当务之急是提升技术水平。会议纪要显示，当时有两个重点问题亟须解决：技术和人才异常稀缺。

　　当时欧美企业在中国纷纷开设了研发机构，而松下却迟迟没有行动，这无法支撑松下在华事业的飞速发展。森下洋一总裁立刻做出决定，他认为，有三个问题必须马上落实：第一，随着松下事业的发展，必须选择合适的地方开设研发中心；第二，研发中心对于各个事业部都有着推动协同作用，必须尽快开设；第三，松下需要开设研发中心，为中国科技进步作贡献。

　　客观来说，在开办研发中心方面，松下当时的速度确实略落后于其他跨国公司。但自那之后，松下积极开展活动，比如与清华大学构筑起技术研发合作等。

时间进入 21 世纪，中国加入 WTO 之后，开设研发中心已经成为很多跨国企业的必然选择。松下也开始紧锣密鼓地推动在中国开设研发机构的进程。松下一直走稳妥发展的路线，为了顺利开办研发中心，集团开展了严谨的调查。首先，与中国现地企业进行深入沟通，北京·松下彩色显象管有限公司、北京松下电子部品有限公司等公司的总经理参与调查研究。经过多次讨论，团队一致认为，要想提升松下的技术研发水平，需要提高技术人员的待遇，以此吸引更多年轻技术骨干的加入。其次，工厂缺乏环境管理方面的人才，而中国正在不断提升对环境的管理，所以这个缺口要及时弥补。最后，集团要对技术成果的评价体系有一个科学的认知。

此后，又经过几轮调研，松下确定在华设立研发中心。目的有三个：

第一，提升各家在华企业的技术能力，弥补技术短板；第二，强化本地产品策划、研发能力，生产为中国消费者所喜爱的产品；第三，创造有利于在华企业开展事业的环境。

目的明确之后，松下就立即设立研发中心。2001 年年初，松下电器研究开发（中国）有限公司（以下简称"北京研发"）在北京成立。紧随其后，2002 年 4 月 2 日，松下集团在华投资的第 49 家企业——松下电器研究开发（苏州）有限公司（以下简称"苏州研发"）成立。与前者不同的是，苏州研发着

1993 年年底，青岛松下电子部品有限公司成立，工厂的目标是成为中国最优质的电子部品供应商之一。然而，1997年，金融危机不期而至。当时，青岛松下的客户多为 VCD 厂商，比如新科、万利达、爱多等公司，这些工厂都受到了不同程度的影响。同时，日元大幅升值也为出口带来了巨大的压力。所幸，当时中国推出了保税区政策，在保税区设立跨国公司可以享受两免三减的政策，而且开办工厂的手续审批也更加便捷迅速。于是，1997 年 12 月 29 日，公司增设了青岛松下电子部品（保税区）有限公司（以下简称"青岛松下"），第二年开始建设工厂并投产。此后，公司的规模不断扩大。2001 年，公司销售额超过 4 亿元，比前一年增长了 125%。而企业的发展无疑也会推动地方经济的发展、产业完善以及人才水平的提升，等等。从这个意义上来说，青岛松下渡过难关、逐步壮大也同样是为中国社会所做出的贡献。这也是松下重视企业利润、必须保证企业的良好经营的原因，这是所谓"公器"存在的意义。

另一方面，虽然时间流逝，松下幸之助的经营理念获得了中国企业界的认可，比如很多中国知名企业都遵循松下倡导的"现场"理论，该理论为许多中国企业家开启了正确的心智模式。在创业的第四年（1922 年），松下幸之助先生实行了"住店员工制度"。就是让所有员工吃住都在企业里，松下幸之助先生及其太太梅之女士对所有住店员工进行培养，从做饭、打扫卫生，到如何给客户打电话，如何与客户打交道，甚至如何认识事物，如何思考，什么是经商等，都

2001 年松下在中国成立第一家研发公司：
松下电器研究开发（中国）有限公司

重于空调机和照明光源等白电技术的研发，而北京研发的重点研发领域包括第三代移动通信、GSM、数字电视、语言处理及各种系统解决方案等方面，一个侧重"白电"研发，而另一个侧重"黑电"研发。不过两者的共同点是，都重视应用性研发，而基础性研发机构多设在日本。对松下和许许多多跨国公司而言，设立应用性研发机构最核心的意义在于可以让产品更贴近市场需要，此外，还能推动当地技术的进步和人才水平的提升。

虽有挫折，但不改初衷

时光流转，变化万千，松下一直思考如何在变革与坚守之间找到平衡——哪些创新应该不遗余力地实现，哪些管理哲思不该被抛弃，反而应该历久弥新。

事实上，松下在中国市场数十年间并非没有遇到过挫折，在离子电视、手机市场上也经历过大起大落，但这些对于松下来说，就像一个年轻人成长中的起伏轨迹，在遭遇曲折的时候也会坚定地前行下去。

尽管松下在华事业没有常胜的幸运，但在人才培养和践行松下企业文化层面，松下在中国还是进行了很多有益的尝试，也对中国企业、企业家产生了一定的积极影响。这也是松下值得骄傲的一面。

迈克尔·茨威尔在《创造基于能力的企业文化》一书中这样写道："企业文化被定义为在组织的各个层次得到体现和传播，并被传递至下一代员工的组织运作方式，其中包括组织成员共同拥有的一整套信念、行为方式、价值观、目标、技术和实践。"

在松下100多年的历史上，几乎每一天都有文化的沉淀，文化也在不断扩展中，员工能体会到文化的力量。松下的企业文化深入浅出，勾勒出公司的灵魂和任务。

松下的产品在世界市场上闻名遐迩，被企业界誉为"经营之神"的松下幸之助先生也因《松下的秘密》一书而名扬全球。松下幸之助先生的经营理念不只是松下的一张名片，

松下幸之助先生与近百种电器及专利技术
注：本图曾在 1964 年登上美国《生活》杂志。

更是松下自身得以可持续发展的力量源泉和指引明灯，尤其是彻底贯彻"企业是社会公器"这一核心理念，使得松下将自身发展的原点立于社会进步和人民幸福之处，自然可以始终保有克服困难的勇气和坚持前行的动力。

松下迎来新篇章

随着松下在中国的业绩持续改善，业务规模不断扩大，其在整个集团中的地位也在不断提升。从松下中国成立起，随着各项业务在现地化经营过程中的不断摸索，松下集团越发坚定地认识到：中国广袤的市场需要在中国本地做决策，唯有如此才能持续不断地扩大松下品牌的影响力，切实有效地为中国经济发展贡献力量。

另一方面，中国市场极为庞大、充满了复杂性和不确定性，而且中国的变化日新月异，在互联网等领域已经取得了让人惊叹的成就。作为一家外资企业，松下必须根据不断变化的中国市场快速、高效地做出决断，只有这样才不会落后于中国经济发展的脚步。

于是，进一步强化中国市场的地位，进一步实现决策的现地化呼之欲出。

2019年，中国东北亚公司应运而生。本间哲朗出任中国东北亚公司总代表的第一天，他的发言鼓舞了很多中国员工。他说："不用拘泥于日本的想法和做法，按照中国市场的需求去做事。不要讨日本同事的欢心，而是要讨中国消费者的欢心。"这是中国东北亚公司成立的初衷以及其后来决策的出发点——唯有如此才能理解中国消费者的需求、与中方伙伴建立起更进一步的合作关系，按照中国速度来推进松下的每一项事业，尤其聚焦为中国社会解决新出现的课题的各项业务，包括应对老龄化社会、助力"双碳"目标的实现、推动新能源汽车产业发展等。

2021年10月，堂埜茂被任命为中国东北亚公司总裁。为进一步发展松下在中国的事业，他带领中国东北亚公司"立足本地、放眼全球"。在松下集团2022年4月迎来新体制之际，更是由堂埜茂宣布了新的企业文化，一切从客户的角度出发，聚力引领中国东北亚公司通过每位员工挑战自我的新成长，创造出超越顾客期待的产品与服务。

第四章

现地决策深化 松下迎来新时代

现地决策的摸索

2019 年 4 月 1 日，此时的松下公司已经 101 岁，这一年，中国东北亚公司成立。

中国东北亚公司成立的目的就是最大限度地提升松下中国的本土决策权，让中国市场的事情在中国决定。当然，中国东北亚公司的成立并非突发奇想，而是水到渠成的结果。在过去的几年里，松下一直努力将中国社会的课题当作自己要协助解决的问题，提供了诸多解决方案，比如在环境、健康养老、智慧城市等领域，松下一直在精耕细作。可以说，松下在获得了商业上的回报及回馈的同时，切实为中国社会的发展做出了自己的贡献。

2014 年度财报数据显示，2013 年 4 月 1 日至 2014 年 3 月 31 日，松下中国销售金额达到 77365 亿日元，是上一年同期的 106%，营业利润达到 3051 亿日元，是上一年同期利润的 190%，净利润实现大幅度盈利。要知道，在短短的两年前，松下还面临巨额的赤字。

此时，松下的技术确实在各个看得到的和看不到的领域生根发芽，很多产品引人惊叹。在青岛，松下开发了缓解拥堵的智能交通系统，可收集周边交通信息，计算到目的地的拥堵时间并告知车主；在顺德，松下建立了空气净化器工厂，研发新技术用于缓解室内空气污染；在大连，松下开发了家庭能源管理系统，一个遥控器即可让家中的所有电器都处在节能状态……

其实，这代表着松下经营方向的转变，从前是我们造什么就卖什么，而今，我们更关注社会需求，用自己的具有前瞻性的技术去解决问题。这也正是松下幸之助先生的"企业是社会公器"理念的体现。

2015 年，松下集团 AVC 网络事业部宣布，将以"引领技术应用革新来提升客户价值"作为近期战略，推动中国广播电视行业从高清向 4K 及 8K 时代进军，这成为松下向解决方案转型的新例证。

此外，松下电气机器（北京）有限公司（以下简称"电气机器"）的探索历程，也是一个具有代表性的案例。电气机器生产、经营的业务比较庞大，包括血压计、低频理疗仪等健康产品，还包括门控事业、照明事业等。这家企业虽然不是松下在华企业中销售收入最多的，但在 B2B 领域进行了有益的探索：其麾下的门控事业是松下全球范围的据点，以中国市场为中心，渐次进入了世界格局中，这为许多在华企业起到了示范作用。

门控事业起初从松下产业株式会社的照明事业部出发，随着在中国不断取得成绩，近年的年销量都在 60 万 ~70 万

门控统括部事业部长 唐峰

台，远远好于其他地区的市场表现，事业中心逐渐转移到了中国市场。门控统括部事业部长唐峰见证了整个过程，并带领事业部不断尝试新可能。

2007 年，松下在中国的门控事业尝试进入轨道交通领域，为首都机场线提供了优质的屏蔽门。之后多年，松下还参与了广州、成都等多座城市的基础交通设施的建设，力图用自己的技术为中国更便捷、安全的出行提供支持。2009 年的时候，松下产业株式会社剥离了门控事业，但在中国依然保留了这个领域的业务，并将决策中心也一并转移到了中国。中国的松下门控事业是在没有日本技术输送的前提下，通过自发组建团队、不断提升技术水平来实现发展的。2010年，松下门控事业实现了开发、制造、销售的一体化，早一步实现贴合 B2B 的体制。

首都机场线

2014 年，松下门控更是走出中国市场，在印度尼西亚雅加达项目中顺利中标，这也是门控事业在中国以外的第一个项目。2015 年，松下门控又成功参与多哈特大型轨道交通工程。即使是后来的疫情时期，松下门控的团队也竭尽所能地兑现向客户的承诺，按时完成了项目进度。2021 年，团队还获得了国际铁路标准准入的资格。国际铁路标准应用于铁路行业质量管理体系，是铁路行业进行质量评估（管理）的重要准绳。

伊斯坦布尔 M5 号线　半高安全门

　　总而言之，松下的门控事业已经实现了在中国的决策现地化，可以说，松下在中国发端的门控事业已经成为集团这个领域的全球中心。

　　要为中国的当地问题直接提供解决方案并实现本地决策，这些具有重要意义。门控事业在市场拓展方面的尝试和成功无疑证明了这一点，甚至验证了中国可以成为松下部分事业的全球中心所在地这一可能性。在中国东北亚公司成立之后，这个重要性和优势则体现得更加明显。

重塑松下家电

松下家电（中国）有限公司可谓松下本地化经营的试验田，更为松下决心在中国实现决策现地化注入了强心剂。那些年，中国家电市场竞争极为激烈，2017年，松下电化住宅设备机器（杭州）有限公司更名为松下家电（中国）有限公司（以下简称"松下家电"），吴亮担任总经理。"第一位华人总经理"这个称谓在2015年前后引起了媒体广泛关注。当时有一种声音认为，吴亮成为松下家电总经理预示着松下不断强化对中国市场的重视程度，也开启了中国业务在中国做出决策的序章。

中国东北亚执行副总裁
吴亮

当时，中国家电市场瞬息万变：电商成为消费者主流的购物方式，中国家电企业的技术在不断迭代中让成本下降效率提高……这一切都让松下意识到如果不进行变革的话，就可能落后于中国市场。而吴亮能获得全集团的认可，在于他过往根植于中国市场不断进行的变革，并经过市场反复验证，他的判断准确。当中国消费者从日本大量采购马桶盖的时候，他抓住机会宣传松下马桶盖的技术优势，取得了销量的大幅提升，也激发了消费者对松下品牌家电的再认识。与此同时，松下加强了对品牌宣传的投入，强调松下产品的黑科技含量、能提高消费者的生活水平的研发，一系列传播措施确实让诸多消费者重新审视、接受了松下品牌的产品。

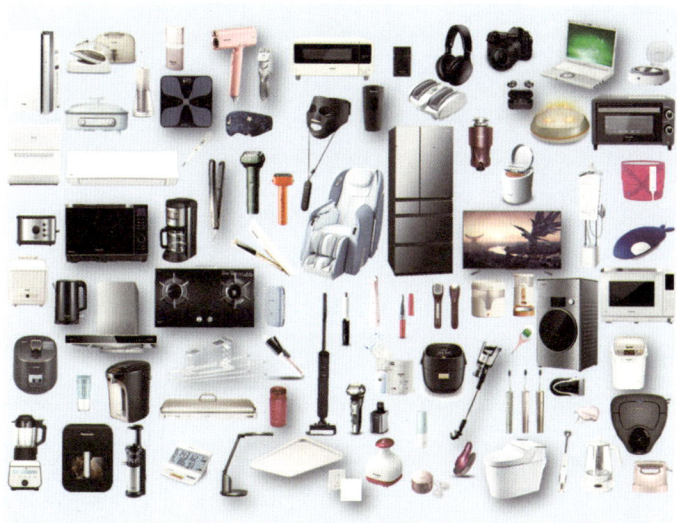

松下家电商品群

2017 年，松下家电实现销售额同比增长 17%，中国大陆已成为松下家电事业在海外的第二大市场。这个成绩要归功于公司成立之后迅速推动现地化决策，通过改革让研发、制造、销售等环节迅速联动起来，并且每一个战略的决策都在本地完成，由此大幅提升了效率，且能够根据中国市场的特点来满足消费者日益变化的需求。

现地化决策让松下家电获得了极大的自主权和话语权，用吴亮的话说："我们能以更加开放、自由的姿态去做好我们的事业；我们摆脱了过去那些束缚，能将松下的优质技术引入到中国来。"

他还介绍道，在松下家电无论日方员工还是中方员工，都严格按照销售业绩决定个人收入。这充分调动了员工的积极性。"中方员工收入超过日方员工一点都不新鲜。"不仅如此，销售人员还开始拥有自己的现场决策权，在一定范围内，他们无须向上级汇报就能做出决定，这也让员工深感自己被信任，于是努力去争取更好的业绩。

事实上，在中国东北亚公司成立之前，吴亮就开始在松下家电推行"承包责任制"和研发人员前线化。简单地说，"'承包责任制'就是让有意愿挑战的员工陈述自己的销售方案，由管理层面试选拔人才。承包人应聘成功后，以年为单位，在各个环节制定考核指标，在完成整体销售额和利润目标后，承包人就有利益分成，上不封顶。这种制度能充分激发承包人不断挑战更高目标，并同步促进松下家电整体的销售增长。"

　　研发的前线化，就是在商品企划阶段，就让我们的研发部门、工厂和销售部门进行充分的沟通和探讨。针对消费者市场新的需求与愿望，研讨新的产品开发，并对开发周期、销售台数和销售价格达成共识，实现真正的开发、制造、销售一体。这使我们的产品在企划阶段就能贴合市场和消费者，拉近松下和消费者市场的距离。

　　此外，松下家电也努力更新自己的传播、销售渠道，以此来获得消费者的认可。比如，松下的线上销售占到整体销售额的60%。吴亮说："我们成立了自己的团队，在直播方面不单单依靠两大平台或者三大平台，我们自己也在做这方面的尝试，效果还不错。尤其是我们冰箱的直播，我们上海有一个团队在做，2021年'双十一'一天实现了销售3000台。直播是非常有前途的一个渠道，我们会拥抱这种营销方式。"

松下杭州旗舰店全景（夜景）

在松下不断强化现地决策之后，松下家电焕发了生机，新产品、新传播手段、新销售渠道层出不穷，新的增长点也不断显现出来，这也充分证明松下立足于中国市场的决策正确无疑。

有了松下家电的成功在前，松下中国的领导人更加确信，需要实现本地决策，需要选拔和培养现地化人才，因为中国员工更了解中国市场，只有本地决策才能跟上本地市场的速度和需求。

中国东北亚公司拥抱中国市场

2019 年 4 月，中国东北亚公司成立，这是松下第一次在日本之外成立事业公司。日本企业（中国）研究院执行院长陈言甚至评价道，松下的中国东北亚公司的创设，是在中国经营的日企中非常先进的创举。如同改革开初期松下率先来到中国一样，未来中国东北亚公司可能成为一个外资企业的新标杆。决策前置、权力下沉，中国东北亚公司对于其管辖地域范围内所生产、销售的产品的开发、制造及销售全权负责，旨在以中国速度、中国模式实现在中国本土经营的成功。

"我们在中国要成立新的地域公司。这意味着我们准备把包括人才在内的各种资源进行重新定义，将松下打造成一家更有活力的企业。（在中国新成立的地域公司）有些制度可能与日本是不同的，是我们更积极听取松下在中国的企业员工的声音后，将其反映到公司发展战略中才制定而成的。"
时任松下集团社长津贺一宏曾表示，"我们已经确定中国是
松下需要努力挑战的最重要市场，我们要建立相应体制，对
现场工作进行具体指导，落实已确定的计划和方向。"

　　当时新任命的中国东北亚公司总裁本间哲朗在刚刚上任
的时候就提道："中国现已由制造大国成长为创新大国、工
程大国。我们现在所创造的正是松下的未来，也是中国东北
亚地区的未来。"松下将自己的未来与中国的未来深度捆绑
在一起。

集团中国东北亚总代表
本间哲朗

本间哲朗与中国有着不解的渊源。他于1985年进入松下；1986年，作为第一批重点培养今后支持中国事业发展的骨干人员之一，被派往中国台湾工作和学习；1994年正式开始在中国东北亚地区的具体工作。而在漫长的34年之后，本间哲朗带着重要的使命到中国赴任。他也是在中国本土可以用中文无障碍沟通的为数不多的外企CEO之一。

同时，本间哲朗在松下控股株式会社内还担任全球副总裁，他也是松下集团迄今为止派到中国职位最高的集团领导。这充分证明松下集团希望能够彻底实现在中国的现地化决策、深耕中国市场。

中国东北亚公司成立之后，针对松下的业务模块以及要协助中国社会解决的课题对组织架构进行了新的调整。中国东北亚公司设有智慧生活事业部、住建空间事业部、冷链物流事业部、冰箱空调零部件事业部、台湾事业部五大事业部门。考虑到中国作为全球第二大经济体的重要性，中国东北亚公司的设立，不仅是松下重新定义和发挥技术及产品优势的重要内容，也是松下业务转型的重要组成部分。

从开发、制造、销售等各种经营资源的投入来看，中国都是日本以外规模最大的海外市场。此后，本间哲朗和松下中国不断强化在中国市场的深入程度。2022年1月，在《中国企业报》的一篇采访报道中，本间哲朗说："松下在全球的投资布局更看重强大的市场需求、完整的产业链、对新技术接纳能力强、经济发展具有巨大的优势和潜力，松下将继续把中国作为全球重要市场进行开拓和发展。"

2022 年松下作为杭州亚运会官方生活家电独家供应商提供支持

　　关于对中国未来生活的描画，松下也做出了自己的设想：比如在清洁能源——氢能源的使用方面，松下已经有超过 20 年的研发积淀，2020 年，松下的燃料电池在日本市场占有率已超过 50%。进入 2021 年，5kW 的纯氢燃料电池在中国国际进口博览会（简称"进博会"）的松下展台上亮相，这也

5kW 纯氢燃料电池

开启了松下氢能源事业在中国发展的序幕。未来的美丽新世界一定是更加清洁、更加环保、更加智能的生活方式，而松下正努力成为构筑这一切的参与者和技术提供者。

不限于清洁能源领域，本间哲朗在《中国企业报》采访的最后，强调松下要为改善中国社会的课题做出自己的努力。"松下将继续深耕中国市场，坚持推进'健康养老'和'生鲜食品供应链'两大事业战略的落地，同时通过强化'环境'举措，为中国实现'3060'的双碳目标贡献力量。"本间说。

在中国东北亚公司成立之后，不仅事业的现地化决策得到强化，松下对为中国社会作贡献、深化企业的社会责任的力度也越发加强了。2019年《企业社会责任蓝皮书》披露，松下以企业社会责任发展指数（中国社科院推出的年度综合指数，多方面对企业社会责任管理现状和责任信息披露水平进行综合评价）84.4分的成绩，位列中国企业300强指数排名第18名、外资企业100强指数排名第3名，日资企业指数排名第1名。这是对于松下一直以来高度重视履行企业的社会责任、不断推进责任品牌建设的最佳证明。

强化研发力量

如果说松下中国在车载、健康养老和环境等与社会课题密切相关的领域已经取得了一些成绩的话，松下电器软件开发（大连）公司（以下简称"大连软件"）和前文提及的苏

苏州研发总经理　张建波

州研发无疑就是背后的超强大脑，功不可没。而这两个超强大脑在中国东北亚公司成立之后进一步被激发出无穷的智慧。

苏州研发的现任总经理张建波曾经担任大连软件的总经理，在大连软件深耕多年，他非常了解松下逐渐实现中国现地化经营的每一个过程。

在 2015 年之前，受体制等因素的影响，大连软件公司的总经理一直由日方人员担任。但彼时伴随着业务不断拓展，张建波和他的团队已经意识到，研发如果脱离中国市场一定是行不通的，而且随着中国移动互联网、人工智能、大数据等新技术的蓬勃发展，更需要在现地实现研发决策。

松下本部也对这一现象非常重视，于是，在接下来的一年间，大连软件逐渐实现了人才的现地化，重要岗位都由中国人担任。对于随之带来的改变，张建波说："以前，大连软件主要是完成日本的项目，但是现在，我们是切实地根据中国市场进行独立的研发。"

大连软件新办公楼剪彩

研发现地化的推进，在极大地提升松下在中国的研发水平的同时，还能引入松下本部的最新科技技术。2021年松下推出的"会说话"的电冰箱就是其中的一个代表：苏州研发和大连软件这两个公司完成了全部本地化的技术研发，并联合中国公司的智能语音设别技术和云技术，快速推出了中国年轻人喜欢的商品。

这款产品在2021年盛夏上市后，立刻引起了消费者的广泛关注。E452 智能互联新品冰箱除了基础功能有了巨大提升之外，还融入了新的科技力量。比如，冰箱具备松下专利 Nanoe（纳诺怡）技术，这是一种基于松下黑科技研发而成、可以从水中分解出健康离子的技术，有去除细菌、霉菌，去除异味，有效抑制花粉过敏原及其他过敏原，分解 PM2.5 中常见的有害物质和美容保湿等功效。同时，该款冰箱还融合 AI、IoT 等前沿技术，搭载 IoT 智能音声系统，可连接手机并实现智能语音互动，甚至提供相关的菜谱推荐，带给消费者超出预期的高品质使用体验。冰箱不再是冷冰冰的机器，而是能与你互动、交流，甚至为你提供生活建议的"好朋友"。这背后的系统搭建正是苏州研发和大连软件这两家公司的技术团队共同完成的。

张建波说："我们一直努力通过互联网、大数据、人工智能等技术的升级，为松下集团创造出更多辉煌的事业。在嵌入式设备解决方案事业领域中，作为芯片及设备合作厂商和松下各产品事业部的技术桥梁，我们通过构建通用的嵌入式软件平台，以及不断进行前沿技术创新和商业模式的变革，基于家电控制芯片嵌入式 AI 等技术，同事业部一起实现了在华家电商品的智能化。"

不止这些，"目前中国东北亚公司设定的几大业务板块的背后，几乎都有我们的技术支持。"张建波说。所以称研发公司是松下中国的超强大脑就不为过了。大连软件在车载网络、系统解决方案、嵌入式设备解决方案等三大事业领域完成了自主研发且取得了骄人的成绩。特别是车载系统完全是在中国本土独立完成且广受赞誉。此外，苏州研发也是松下养老产业的智慧支柱。

张建波认为，大连软件和苏州研发之所以能在更广阔的领域内发挥自己的技术、研发优势，而且与松下在华的各个事业条块展开深入合作，就在于中国东北亚公司成立之后，"中国市场在中国决策"的理念提升了各个事业部门之间合作的效率。而本地研发更加关注中国市场的变化、趋势，只要技术能满足中国消费者的需求，立项、审批就无须日本本部决定。另一方面，张建波认为研发公司要尽量实现扁平化管理，公司组织架构按照专业序列来分，比如公司设置车载、机电、家电、住空间、解决方案等事业群落，这样就能更加精准地为企业提供技术支持和合作。

研发实现现地化后不仅为松下在中国的事业带来巨大助力，员工的热情、创业精神被激发出来，他们的一些创新模式甚至还影响了松下本部。日本事业部一直从事电焊机的研发、生产和销售。正是在大连软件的配合下，日本事业部构筑了自己产品的云平台。这在行业内是非常领先的。

日本松下事业部对这个合作方式也大为赞赏并且在日本集团内进行推广。大连软件的技术被马来西亚松下看中，双方建立起紧密的合作关系。研发公司帮助马来西亚松下的空调产品实现了智能化，使其销售额成倍增长。这又为总部提供了一个可以向更深远的地方推广的合作方式。

可以想见，这些显著的成绩和成功的范例预示着未来中国将可能成为松下全球的研发中心并实现以中国为中心的新的输出方式，为全世界的松下业务提供支持支援。

数字化反哺松下本部

中国的经济发展速度超乎寻常。几年来，大数据、云计算等新技术开始在各个领域广泛应用，深刻影响甚至改变了中国人的工作、生活方式。中国东北亚公司成立前后，在松下内部也展开了一场数字化大变革，财务方面的数字化是一个非常典型而且成功的案例故事。

实际上，在过去的岁月里，松下的财务管理一直秉承经营管理的原则，也就是说，财务并非简单的出纳、数据汇总等基础工作，而是要站在经营的角度做出理性判断。中国东北亚公司财务中心副总经理李丽萍在松下长期负责财务工作。她举了一个例子，比如松下每个月都会做决算，这个决算不仅仅是看经营情况，而是要跟上一个月，甚至前一年同期进行对比，找出差异及产生差异的原因并制定改善对策；另外，每个部门、每一位员工都要制定事业计划。事业计划的意义并不只是一个财务指标的制定，而是让每一位员工都有经营意识，都有经营责任感。当然，更重要的是，这份事业计划会随时、随着需求进行调整，以满足企业发展的需要，它不是一成不变的，而是灵活高效的行动指南。

很长一段时间里，松下的财务核算及管理模式被很多中国企业所认可、学习，像资金的随借随贷制度、信用管理制度等都成为很多企业学习借鉴的对象。然而，在中国的快速发展中，这些很成功的财务方式也开始面临各种挑战。

中国东北亚公司成立之后，本间哲朗提出，要打造数字化的中国东北亚公司，言外之意，除了生产等环节，工作的每一个细节都力求实现数字化，从而提升效率。这个动议其实还有一个隐喻，即松下应该搭上中国数字化浪潮的顺风车，尽快完成数字化转型，否则就有可能落后于中国经济发展的速度。财务业务实现数字化管理无疑是实现这一目标的重要一步。

2019年夏天，李丽萍作为财务业务流程改革的负责人参与了制定数字化财务制度的前期准备工作，她总结说："当时我们制定了财务业务流程改革项目目标，也就是要让财务业务提高效率，合规化，实现数据的可视化。"目标制定之后，财务部门就开始与行业领先的咨询公司反复探讨、研究改革方案。

接着，中国东北亚公司成立了财务共享推进部门，力图实现财务业务的可视化，同时强化中国东北亚公司财务部门的定位，使之成为"业务的财务，战略的财务，专业的财务"。这三个目标其实彻底提升了中国东北亚公司和松下在华企业的管理水准。所谓业务的财务其实就是要强化财务的目的是提升经营水平，最大化地节约成本、提高收入，同时增加利润。战略的财务则提升了财务的地位，即要为中国东北亚公司在中国的整体战略作考量，用数据说话。而财务是一个非常重要的部门，涉及公司的成本、利润、税务等方面，一定要实现专业化的管理。

此后，财务部门又拜访了伊利、IBM 等企业，向他们学习先进的数字化财务理念和执行方式。接着，财务部门开始对在华松下企业进行调研，他们发现，改革依然步履维艰。因为每家企业的财务系统、业务系统都不统一，实现财务流程统一的目标非常困难。针对这个问题，项目组提出了中台概念，即技术上在业务系统和财务核算系统之间做一个桥梁，汇集所有与财务相关的业务数据，然后进行标准化的处理，再通过接口将转换后的数据传入财务核算系统，这样可以将传统财务水平化的职能制流水线作业改为与作业池方式并行作业，从而有效地将在华企业的财务系统打通，将数据整合起来。

中台的运用大幅提升了工作效率，比如系统中采用了云计算、大数据技术以及 OCR（文字识别）技术，同时系统除了有传统的费报功能外，还具有运营模块及与内外部系统的协同，每位财务人员的工作量和完成程度都能一目了然。共享中心建立后，省去了此前存在的烦琐的环节。比如，由于系统与税务局指定的系统的对接，发票报销时能确认发票真伪、防重，并通过智能填单功能真正实现了可视化、数字化的财务核算。

将在华企业的财务数据整合在共享中心并不是要削弱企业自己的决策权，而是要提升整体财务的效率。李丽萍解读说："财务决策依然是各个企业自己来决定，我们只是赋予不同层级的员工不同的权限，这样可以更加透明地管理数据。"现地财务将成为业务伙伴，为决策提供支持，成为业

财务共享中心正式上线，中国东北亚公司本间哲朗（中右）及财务中心副总经理李丽萍（中左）与团队成员合影

务的加速者；共享财务通过标准化提升效率，强化合规管理。这里有一个细节，比如共享中心搭建之后，由于系统与商旅平台的协同，如果员工出差住在协议酒店，就无须支付押金及报销，可以通过系统实现对公付款，等等。

从目前的情况来看，中国东北亚公司是在华日企中较早推进财务数据化的外资企业，这与本间哲朗总代表大力推动公司本地化经营、数字化转型的战略有紧密的关系。数字化CNA、建立共享中心等决策都是在中国本地完成的，这些举动同时也体现了决策现地化的程度。

当然，这一系列举动也在很多维度上培养了人才，让财务工作者以最快的时间找到既有的问题，提出解决方案。参与项目的实施等一系列过程都让员工脑力激荡，并且掌握了数据化的技术、工作方式和解决问题的能力。

在中国东北亚公司的体系下实现了数字化之后，财务共享模式可以在其他地区推广，同时努力推动变革。可以说，这次在中国本土进行的努力尝试开始反哺松下在海外的市场，成为一次成功且具有典范效应的变革之举。

第五章

聚焦老龄化的关怀者

面向老龄化时代

松下幸之助先生说，满足人们"希望过上更美好生活"的愿望，是企业的责任和使命所在。毫无疑问，今天中国一个非常重要的社会课题就是人口老龄化，如何应对人口老龄化已上升为中国的国家战略之一。中国东北亚公司成立后，本间哲朗提出"延长中国人健康寿命 10 年"的美好目标，也正是松下在中国坚定不移地去实践的使命。松下以解决中国的社会课题为己任的责任感，激发松下力图将自身在养老领域积累多年的技术、经验、理念与中国现地化境况相结合，通过自身产品和事业发展、与中国企业合作助力中国的养老领域的发展。

很多人认为，当下日本的老龄化社会现象在未来的中国也将会出现。根据联合国发布的《人口老龄化及其社会经济后果》确定的划分标准，当一个国家或地区 65 岁及以上老年人口数量占总人口比例超过 7% 时，则意味着这个国家或地区进入老龄化社会；占比 14% 即进入深度老龄化社会；占比达 20% 即进入超级老龄化社会。而根据中国国家统计局

2021 年的资料预测，中国 2033 年左右进入老年人口占比超过 20% 的超级老龄化社会，之后持续快速上升至 2060 年的约 35%。

而松下在养老领域深耕多年，在帮助日本解决人口老龄化的社会课题的过程中，积累了很多技术与经验。日本早于 1970 年老年人口占比就突破 7%。2019 年，日本 65 岁及以上人口占比 28.4%。2021 年 11 月，《日本经济新闻》公布的人口普查结果显示，少子老龄化的趋势更趋明显。据预测，到 2036 年，日本 65 岁及以上人口将占总人口的 1/3。

作为一家关心人类幸福的企业，早在 1998 年，松下就开始进入日本养老市场，设立了松下 Age-free 服务养老产业子公司，2016 年 4 月，公司正式更名为"松下 Age-free 株式会社（Panasonic Age-free 株式会社）"。其目标就是努力构建包含适老化家居产品、护理设备与服务、养老院及日间照料中心等在内的多元产品及服务体系，拥有丰富的养老及照护经验，成为日本养老产业里标杆性的企业。

截止到 2022 年 3 月，松下这家养老服务公司共有员工 3800 人，66 处高龄者住宅和养老院，以及 172 个能够提供介护服务的服务点。这些服务点位中大量应用了松下与养老有关的新产品、新技术，将松下庞大的产品线有机地结合起来。

松下看到了越发严重的老龄化社会趋势，不断尝试、摸索，希望将自己的经验与技术应用到中国市场。"日本社会的老龄化比中国更早，因此日本企业对于老龄化社会的探索也更早。"中国东北亚公司总代表本间哲朗说。松下20多年来在养老领域积累了丰富的产业经验。在中国东北亚公司成立之后,松下更是将养老产业作为在中国的一项主要核心业务来用心经营。为了更深入地发展养老事业和推广先进理念,中国东北亚公司于2020年11月与浙江大学管理学院、广宇集团股份有限公司共建了"浙江大学管理学院老龄化与养老产业研究中心"。

中国社会有需要,松下有相应的能力。作为矢志为中国社会作贡献的企业,松下开始思考:丰富的经验如何应用才能真正有益于中国应对正在面临的社会变化? 反复提及的"企业是社会公器"这一理念再次发挥其"根本指导思想"的作用,让松下切实思考中国的老龄化社会需要什么,可以做什么,而松下又可以将哪些经验应用其中。

松下电气机器(北京)有限公司现任总经理黄忠明曾担任雅达松下社区项目的核心经营领导职位,他说,"中国东北亚公司倾注大量的人才与资源进行考察和研究,得出这样的思路:在日本,松下的健康养老事业包含了产品、养老机构和社区这三种形式。考虑到中国庞大的人口数量以及青睐于居家养老的社会习惯等因素,导入适合的养老产品、通过社区传递先进的养老理念与生活方式可能是当下最适合松下的。"

此后,中国东北亚公司开始在中国与诸多企业展开积极有效的合作,希望将松下先进的养老产品、经验与中国本地的优势结合起来。中国东北亚公司专门提出了把"健康养老"

电气机器总经理　黄忠明

作为重点发展方向之一，以便更加有针对性地推进业务，真正实践着松下的口号——"关护无界 身心如悦"。

充满情怀的养老产品

松下进入中国 40 多年来，与中国诸多合作伙伴建立了良好的、可信赖的合作关系。松下既见证了中国成长的速度，也愿意与中国同伴一起来面对、推动解决中国课题。在康养这项事业中，松下在短短的几年里迅速拓宽业务边界，取得了显著的成就，这也得益于中方合作伙伴的信任、努力和深厚的情谊。

如果你打开电商平台，可以找到松下提供的琳琅满目的养老产品：分离护理床、折叠淋浴椅、轮椅等，这些都是能帮助老年人日常的起居出行、使他们能够享受生活的产品。《2021家居环境舒适性对个体心理舒适性的影响研究》，对松下的智能电动床做出了这样的评价："这个产品针对老年人的生活状态和习惯，通过以用户为中心的设计思路解决了老年人的多种生活诉求，达成了动态的舒适性提升。"这无疑是中国市场认可松下养老产品的重要证明。

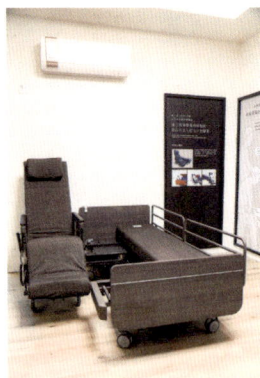

折叠淋浴椅（左）和分离护理床（右）

此外，一些小产品却也在潜移默化地影响人们的生活习惯。比如，松下在中国的养老产品的序列中加入了日本浴室中常见的洗澡椅，这是因为松下康养部门曾经作过调研，有40%的家庭都有曾经因为洗澡脚滑而摔倒的危险经历，所以，松下在中国市场大力推广洗澡椅与其说是推销商品，不如说是更多地为消费者的安全、健康考虑。

除了产品，中国东北亚公司的康养事业还包含整装事业部，这个部门的职责是将松下的家电和非家电类产品，比如地板、木门、卫浴等结合起来，提供健康养老、生活的整体解决方案。他们的方案必须兼顾二人世界、三口之家、四世同堂等不同家庭结构的需求。如果家里有老人，那么养老的理念、设施就会被当作设计的重点提供给消费者。

而对于松下来说，提供养老服务、帮助改善人口老龄化的社会问题是自身的一种责任，也是将松下的经营理念、产品、技术有机结合起来的完美契机。

中国东北亚公司自成立以来，也一直努力深化松下品牌在电商平台上的影响力。当然，松下依然本着为中国经济发展作贡献，让中国人民生活更加美好的纯真理念来推进工作。在 2021 年的重阳节，松下就和京东开启了一次关于康养课题的合作，命名为"暖阳行动"，呼唤全社会关注老年人的身体是否健康，精神生活是否丰沛，人格是否受到了足够的尊重。

也是在这次发布会上，松下推出的适老化改造方案获得了关注。这个解决方案由松下住空间首席设计师、日本一级建筑师本间贵史用心策划完成。设计师将主题设定为"享受晚年、居家安全、预防摔倒"。该方案不仅仅考虑到安全问题，更希望老年人能有尊严、舒适、快乐地生活。在这套方案中，全屋都尽量采用移门和折叠门来代替普通的门；并且全屋尽量减少家具，使空间更开阔，避免被绊倒；厨房和餐厅之间采用了 3 联动移门，打开之后可以增加视觉的贯通性，让居住者心情愉悦明朗；小阳台可用于洗晒衣物，收纳家务用具，而大阳台可以用来养狗、养花、喝茶聊天。当然，房间内还有很多松下专门为老年人打造的产品，比如防撞边角、防撞浴室柜以及无须手摇就可以起伏的智能电动床铺等。

在活动上，本间哲朗说："如何响应高品质居家养老需求及政策方向，探索更适合中国家庭的居家养老模式和解决方案，既是大时代背景提出的迫切需求，更是以松下康养为代表的大健康企业的使命担当。"在商业模式上，松下也和京东一起进行了革新，以供应链为基础，围绕居家、健康、线上体验、线下暖阳专区、精神生活以及时尚潮流六大养老场景，以数字和技术能力打造适老"商品＋服务"新标准。

无独有偶，松下还和京东一起推出了影响广泛的"南山计划"。这是一个完全的公益行为，松下与京东为多家福利院、老年公寓、养老机构等捐赠了上百台主打优质产品——折叠淋浴椅，其目的就是让老人们拥有安心舒适的冬季洗澡体验。

在2021年第四届中国国际进口博览会上，松下还提及公司和太平洋保险集团旗下养老投资公司签署了共同创建"智慧康养实验室"的协议。而在上一年的进博会上，中国太平洋保险集团就与中国东北亚公司、三井住友海上（中国）签署了三方战略合作协议，围绕健康养老、智慧生活、智慧家庭以及创新业务等领域，共同探索"后疫情时代"更高质量的国际交往与合作，为服务人民对美好生活的向往、应对全球和区域性挑战贡献"中日企业协同方案"。

而签署关于创建"智慧康养实验室"的协议意味着松下与太平洋保险集团的合作开始落地生根。协议签署之后,双方在太保家园·上海普陀国际康养社区成立"太保家园·松下智慧康养联合实验室"。同时,双方还在这个社区打造了一个松下样板间,该样板间于 2022 年 7 月正式开业。太保家园探索"颐养、乐养、康养"三位一体的产品和服务体系,将为中国老人提供 60 岁到 90 岁 + 的全老龄周期整体解决方案,而松下正是这个解决方案的重要提供者。

从这几年松下的发展轨迹可以发现,在中国东北亚公司成立之后,松下与中国合作伙伴建立了更加灵活的合作方式,也不断拓宽了商业模式的新边界,电商、保险、房产等领域都有松下的影子。松下在中国不断实现自我突破,尤其中国东北亚公司成立之后,公司寻找到了康养解决方案这种模式将松下产品、技术的优势有效地整合起来,将松下优质、先进的产品应用到健康养老等行业中创造价值,尽可能地发挥出松下可以为社会作贡献的能力以及社会价值。

雅达·松下社区:美好的夕阳时光

如果有机会驻足于宜兴雅达健康生态产业园(雅达·阳羡溪山)中的雅达·松下社区,你一定会流连忘返。社区的房屋外观精巧,内部配备多种高科技产品,房屋内外和谐统一。雅达集团(以下简称"雅达")正是这个项目的开发和运营商,而松下则是最重要的供应商之一。

雅达·松下社区 松下健康智能生活馆

　　雅达集团董事长蒋建宁与日本的渊源可以追溯到 1984 年，当时在北京师范大学留校工作的他，参与接待了应邀来中国访问的 3000 名日本青年，并在三年后应邀访日。

　　这是蒋建宁第一次访日。"很震撼，看到了中日之间经济上的差距，也感受到物质生活之间的区别。"而让蒋建宁印象最深刻的环节就是参观松下的工厂。直到今天，他对松下幸之助先生的经营理念、处世哲学都推崇备至，"企业是社会公器"这个想法也开始在他心里生根发芽。三十多年后，蒋建宁受到松下的邀请，再次奔赴日本考察。日本的养老产业、松下的康养事业给蒋建宁留下了深刻的印象，也让他在心中播下与松下构建合作的意向的种子。

　　此后，在蒋建宁创业之时，他意识到养老必然是中国必

雅达集团董事长蒋建宁（中）

须面临的社会课题之一，参与养老产业不仅仅是商业行为，更是一种社会责任。2011 年，蒋建宁创办雅达国际控股有限公司，他说这一切努力的目的就是，秉承公益优先的原则，承担企业社会责任，努力为社区居民谋福祉，建设和谐优美的人居环境。合作伙伴的目标与松下的经营理念一拍即合，这大概就是后来双方合作成功的重要基石。

2017 年，位于江苏宜兴的雅达社区项目启动。蒋建宁不断发现中国市场上养老产业的痛点，比如养老机构过于分散、养老产品落后陈旧，养老院周边商业设施不齐全等。而彼时松下提出了康养解决方案的概念，这给了蒋建宁一个惊喜，"很少有公司能像松下一样，在养老产业层面拥有如此全面的产业链。"他说。松下可以提供一整套系统化方案，高质量的产品也都镶嵌于其中，这就极大削减了雅达的成本，而松下在康养事业方面的优势也能展现出来，解决方案能实现落地。

蒋建宁还强调，"从前，我们比较关心老人是否吃饱穿暖，而如今，雅达希望老人不仅物质生活丰富，精神也能获得愉悦感"。这是从打造这个社区一开始就在构想的一部分，也契合了松下一以贯之的经营理念和梦想。

正因如此，双方不遗余力地为实现合作而努力。在项目合作洽谈和实施的过程中，松下和雅达举行了十多次高层对话，事无巨细地进行讨论，力求实现资源优势的互补、达到整体最佳的效果。

雅达·松下社区共有 1170 户，大量采用松下商材，从基础照明到各式家电、地板、橱柜等一应俱全，为用户提供高品质生活。黄忠明解释说："松下打破了多年的各个事业公司各自决策的'壁垒'，并不止单纯地提供产品，而是提

雅达·松下社区东坡阁（蒋飞 摄）

供了一整套系统的解决方案，构建一个环保、人性化、智能化的社区。通过一个APP就可以将房间内的松下产品连接起来，无论是照明设备、智能马桶还是空调、新风系统都能整合在一起，让你的生活舒适、舒心。"同时，系统还可以在取得业主同意的前提下，采集业主的健康数据信息并在必要时通过系统给出相应的生活方式和健康改善建议。另外，这套系统能有效地监测业主的健康情况，如遇到突发情况可以将信息发送到相关的医疗机构。这就在一定程度上确保了老人的身体健康和生活便利。数字化也将服务于老人的生活，例如，有一套健康评测体系，当用户进行完大约30分钟的健身活动之后，身体的健康信息就会以数据化的形式推送给用户，帮助用户实时了解自己的身体变化。

松下在雅达·松下社区里还安装了智慧摄像头，它能根据老年人走路的细微变化初步判定老年人是否患有阿尔茨海默病。如果确实有迹象，社区工作人员将及时关注老人的行迹和动向。这样的技术应用和人文关怀的细节不胜枚举。本间哲朗在项目发布会上曾经说：这个项目以"松下智感健康城市"为理念，从日常必备的空气、光、水出发，运用松下空间控制技术，根据项目要求，提供健康空间解决方案，为住户提供"安全、安心、舒适"的居住环境。黄忠明认为，松下确实将自己的技术优势应用于了帮扶老年人，让老年人健康、体面地安度晚年。这也是科技回馈社会的一种表现。

黄忠明特意指出，如今的系统还会不断升级迭代，为社区提供更加智能化、更加便捷的生活体验。他认为，与雅达

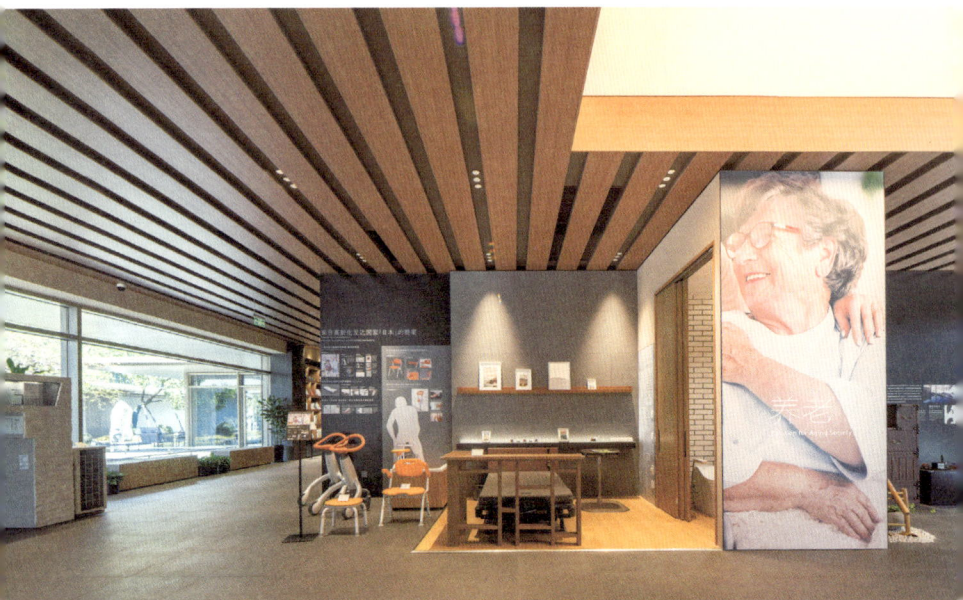

松下健康智能生活馆养老产品展示（蒋飞 摄）

的这次合作对于松下来说，也是一次突破性的尝试。"我们意识到中国东北亚公司成立之后，中国市场的战略发生了巨大的变化，雅达·松下社区这个项目我们行动果决而迅速，只用了三个月的时间就完成了从搭建项目团队到产品和系统的提案。"在这三个月里，"近30家松下在华工厂和业主雅达集团充分交流，基本满足了社区的全部要求。"而这样的尝试也帮助松下增强信心：未来松下将不断完善这些整体解决方案，并将之提供给更多的中国合作伙伴，把"安全、安心、舒适"的居住环境和理念普及于中国老龄化的人群中。

在松下看来，一个充满智慧的社区应该是有温度的、人性化的、对老人给予无比关爱的，这才是技术、产品最好的归宿。雅达·松下社区正是合作成果的完美展现，松下的"延长中国人健康寿命 10 年"的美好愿望在这里延伸开来。同时，雅达·松下社区也有一些成熟、先进的经验可以反馈到日本去，为松下本部乃至日本社会提供一些借鉴和指引。比如，将松下产品整合起来提供一整套住宅的解决方案就是一次大胆而成功的尝试。无论如何，松下在养老领域所做出的努力是以随中国伙伴一起改善中国课题为出发点的，而松下也希望用自己先进的技术、理念为此带来更多有益的影响。

第六章
出行变革的推动者

车载事业持续发力

松下幸之助先生认为，企业的根本目的在于通过自身所开展的事业，促进人民生活水平的提高。这无疑是一个企业作为"公器"为消费者带来的直接意义。松下在移动出行上的持续精进也延续了松下幸之助先生的精神基因。年少的松下幸之助先生曾经在自行车商店工作，彼时，他认为自行车改变了人的出行方式，而电器改变了人们的生活方式，所以后来，他改良了自行车上的电池式车灯，炮弹形电池式自行车灯深受好评。松下在很早之前就组建了汽车事业部，主要生产车载收音机，此后，事业范围不断扩大，从 CD 机到集成有导航功能的车载娱乐系统，松下集团都有所涉及。

在中国市场上，松下也竭尽全力地大力发展车载事业，希望让中国的消费者能安全、舒适地享受驾驶、乘车的乐趣。松下于 1995 年在大连建立车载音响生产销售基地。2003 年，松下在天津成立了天津汽车电子开发有限公司，这也是松下在全球范围内的第五个研发基地。松下成立这家公司的目的是通过采用并融合移动电话的通信、DVD、数字播

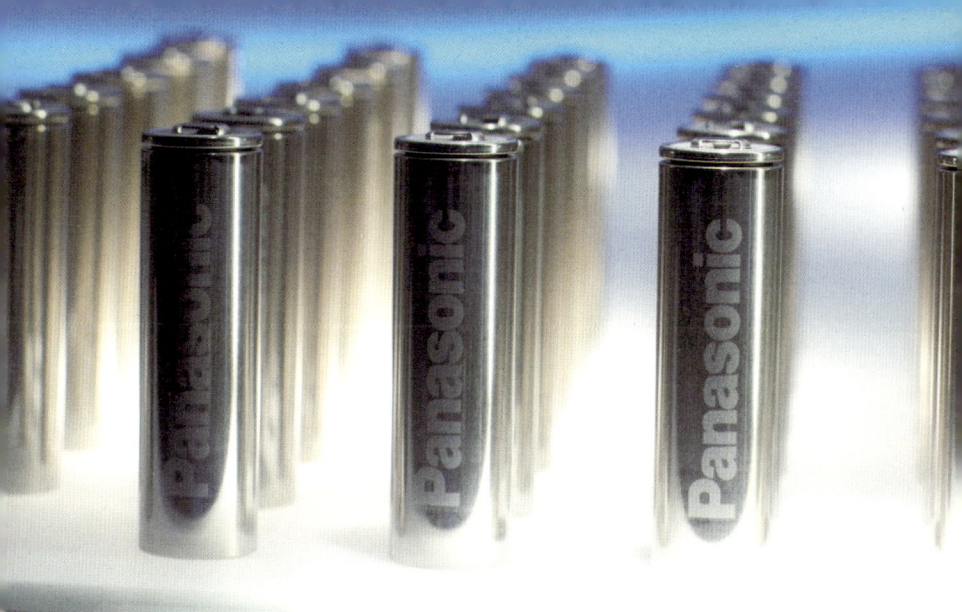

电动汽车用圆柱形锂电池

放等高品位映像音响技术的多媒体商品，丰富人们的车载空间。同时，这家公司并非仅仅聚焦于中国市场，而是以全球化的视角来审视汽车行业的变革。公司的使命不只是进行技术研发，同时还力图实现技术的商业化，既关注中国市场的变化，也为全球市场提供汽车相关的服务。

从松下集团来看，车载一直是其核心业务之一。从财报来看，截至 2022 年 3 月的 2021 财年合并财报（国际会计标准）显示，松下控股的销售额增长 10%，达到 7.3887 万亿日元。其中汽车电子系统公司年度销售额达到 1.671 万亿日元。在包括车载锂电池、安全驾驶系统等汽车零部件领域，松下拥有大量核心技术和产品，车载解决方案为用户带来了"舒适""安全""环保"的使用体验。从特斯拉到诸多日系汽车品牌，再到中国汽车企业，松下为全球范围内的许多汽车厂商提供高品质的产品和服务，网点遍布大连、北京、上海、天津、苏州、杭州、厦门、青岛等城市，事业涉及汽车动力、安全、信息娱乐、ECU 等众多领域。

出行新概念

1886 年 1 月 29 日，一个名叫卡尔·弗里德里希·本茨的德国人注定要改变人类的生活、出行方式。那天，他发明的崭新的交通工具获得了专利，同一天也被定为"现代汽车诞生日"，而本茨也成为当之无愧的"汽车之父"。第二年，卡尔·本茨把自己的第一辆车卖给了一个名叫埃米尔·罗杰斯的法国人，这也是世界上第一辆现代汽车销售。同年，卡尔·本茨创立了世界第一家汽车制造公司，就是后来大名鼎鼎的奔驰汽车公司。在随后的 100 多年里，汽车产业飞速发展，诞生了诸多知名的汽车品牌，而与汽车相关的产业也在不断突破想象，让消费者拥有更加美好的驾驶、乘坐体验。

2022 年 5 月 30 日，埃隆·马斯克在中国的社交媒体上用中英文写道："似乎很少有人意识到，中国在可再生能源发电和电动汽车领域正处于世界领先地位。无论你怎么看中国，这都是事实。"这已经不是马斯克第一次盛赞中国的电动汽车成长速度和普及程度了，而此时，电动汽车的时代序幕已经早早拉开。

同在 2022 年，根据国际能源署（IEA）发布的《2022 年全球电动汽车展望》，2021 年全球电动汽车销量打破纪录，并且于 2022 年一季度继续保持强劲增长势头。其中，中国电动汽车发展最为亮眼。这个火热的市场释放出中国对于绿色能源、绿色出行方式的认可和需求。这与松下始终关心人类发展、注重环境事业的方向不谋而合。

随着中国的动力锂离子电池的市场逐步放开，海外电池企业在中国积极寻求发展，松下也没有例外，紧紧跟随中国发展的步伐，不断拓宽新能源的想象空间。汽车的电动化能够大幅削减二氧化碳排放，松下努力通过不断改进锂电池技术、优化车载零部件、与合作伙伴探索新的商业模式等方法，为消费者提供安全、环保、舒适的驾驶体验。

不仅如此，松下多年前也已在中国布局汽车动力电池的事业。随着新能源汽车的飞速发展，越来越多的传统企业也相继进入这一领域，松下也以时刻准备好的姿态，在自身可贡献的更大程度上满足中国市场的需求，为中国新能源汽车的发展做出贡献。

今天看来，在电池领域的不断精进，不仅帮助松下获得了今天电动汽车电池领域的优势地位，也大大推动了整个行业的前进。一方面，随着电池市场不断打开，电动汽车上游企业需求扩大，松下充分受益；而另一方面，更高能量密度和容量的电池则减少了电芯数量和电池包附件，使得下游汽车制造商轻量化升级，从而带动了整车成本和价格下降。

松下在中国的新能源电池事业不局限于汽车动力领域，在民生领域也深耕多年，比如松下能源（无锡）有限公司（以下简称"无锡工厂"）凭借多年的产品经验和对用户需求的

无锡工厂总经理 张利民

深刻理解，在民生领域，特别是电动轻型自行车发展过程中起着举足轻重的作用。无锡工厂成立于 2001 年，位于无锡市高新技术产业开发区，主要开发和生产镍氢碱蓄电池、锂离子二次电池以及组合电池。产品具有高容量、长寿命、高安全性、绿色环保等特点，被广泛运用于小型动力、储能蓄电、铁道、车载紧急呼叫、后备电源等领域。随着低碳经济、环境保护、低能耗、节能减排的理念日益为全球的人所重视，新能源电池的使用领域也不断持续扩大。松下能源作为电池行业的领跑者，产品在行业内广受顾客的好评。无锡工厂近年的销售额也在节节攀升，2020 年公司销售额是 20 亿元，2021 年销售额达 30 亿元。总经理张利民对未来也是满怀期待，他认为，在新能源电池领域，松下拥有全球最为领先的产品技术和工艺技术。

在电池制造方面，中国拥有全球最为完善且很成熟的锂电池产业链。而松下的优势，是可以从日本松下引进最先进的高容量材料和产品的技术（专利），活用中国市场的环境资源（快速和低成本），采用中国现地材料和设备厂商来打造全球具竞争力的拳头产品。未来，碳中和将推动全球绿色低碳转型的发展，在这个过程中新能源电池将发挥重要作用，市场会持续保持高速增长态势。

新能源汽车时代的推动者

据 2022 年 7 月 4 日的《日本经济新闻》评论所述，汽车行业正在经历一个新的技术变革期，向车联网、自动驾驶、共享和电气化的技术方向发展着，而松下的汽车电子系统公司也在从按订单生产零部件的模式向软件领域的商业模式转变。松下在以上三个层面都拥有技术优势，在中国市场上，松下正在不断强化自己在汽车领域的影响力，车载业务涉及各个领域，有 15 个制造基地。

2021 年年底，还有一则关于松下在新能源汽车领域的消息引发了业界的关注：2021 年 12 月 8 日，沈阳新松机器人自动化股份有限公司与松下集团合作，打造的新能源车载充电器智能生产线将正式建成投产。该生产线应用到了自主研发的多种机器人产品，包括直角坐标机器人、垂直多关节机器人、协作机器人、并联机器人等，工作站通过搭载不同的末端执行器，实现了自动拧钉、自动涂胶、自动装配、移载设备、检测等组装工艺，并达成了多项技术创新。这是松下布局新能源汽车产业链核心环节的举措，以此将不断推出优质的产品以满足该产业不断高涨的市场需求。中国东北亚公司总代表本间哲朗还在媒体采访中表示，"我们特别强化向新能源车相关设备的转变，目前松下在华工厂中，包括新能源车载电池在内，共有9家工厂生产相关产品"。

2022年3月，中国电动汽车百人会论坛（2022）举办。这次大会的主题是"迎接新能源汽车市场化发展新阶段"。松下产业株式会社首席执行官楠见雄规作为唯一的跨国企业总裁，通过视频介绍了集团的环境方针和愿景，同时由中国东北亚公司赵炳弟副总裁现场介绍了公司在环境方面的贡献。赵炳弟表示，"松下认为自己的使命就是，'汽车的电动化能够大幅削减二氧化碳排放，松下将通过不断

中国东北亚公司副总裁 赵炳弟

改进锂电池技术、优化车载零部件、与合作伙伴探索新的商业模式等方法，为消费者提供安全、环保、舒适的驾驶体验'"。

松下能取得消费者和合作伙伴的认可，一个重要原因是松下确实在相关技术方面有着深厚的积淀。松下电器机电（中国）有限公司（以下简称"松下机电"）总裁殷志明就认为："松下对品质近乎偏执的追求，对客户附加价值的执着，让松下在产品、技术方面有着独特的优势。"

松下机电总裁 殷志明

机电似乎是一个相对枯燥的行业，但实际上，无论是家用电器、信息通信还是汽车制造都离不开机电的支撑。"松下机电有上万个产品，涵盖松下集团几乎各个领域。"今天像华为等很多中国优秀企业都是松下机电的长期客户。

松下机电成立于1996年，发展至2021年，年销售额已超过300亿元人民币。殷志明自2014年成为公司总经理以来，

松下机电商品群

一直努力推动松下机电的现地化进程。2014 年，松下机电做出一项重要的决定，推动经营干部、管理干部以中方现地员工为主，日本员工为辅的形式。此后，越来越多的中方员工成为公司的中高层管理人员。同时，松下机电还大力增加年轻员工的比例，以此希望公司能越来越有活力。

殷志明还介绍说："松下机电原来是一个传统的销售公司，这两年我们在向销售 + 技术的平台进行转变，并加强了本地开发的力度。"松下机电在 2015 年成立了一个技术团队，2016 年在浦东金桥分公司成立了技术开发中心，旨在加强智能工厂以及汽车能源技术的开发。从 2017 年开始在当地政府的资助下，松下机电将加大对实验设备的投入，进一步加

松下金桥实验室（金桥创新中心）外观

强在本地开发的力度。

而在中国东北亚公司成立之后，松下机电的独立地位也进一步加强，自主研发成果比例逐年上升，目标在 2030 年占到整个公司销售产品与服务的一半以上。

另外一个转变是，这些年来，松下机电从原来的单品的销售，向系统集成、模组化转变，加快提案的进程。或者说是从原来单品卖给客户，向加强同合作伙伴进行系统集成开发，加强向整体提案的新的服务内容转变。仿佛以前松下可能只研发生产冷冰冰的工具，如今他们开始给汽车和工业自动化等相关产业注入灵魂和生命力。这一点从每一年的 CES

国际消费类电子产品展（简称 CES）上可见一斑。

在 2022 年 CES 上，松下推出的新产品又一次引发了媒体的关注。松下推出了 AR HUD（增强现实的抬头显示）2.0 系统。相较于 1.0 系统，新系统加入了已申请专利的眼球追踪技术（ETS）。简单来说，松下 AR HUD 2.0 将红外摄像头传感器与投影模组和光学元件整合集成，无须独立的摄像头模块，这样的好处是不管司机如何移动头部和视线，都可以享受清晰、准确的 AR 导航效果。此外，眼球追踪技术还可以帮助司机认证身份，监控司机并识别疲劳。

松下在 CES 展上一直有让人惊艳的产品问世。2018 年 CES 是第一次松下没有展出家电产品的展会。外界认为，这说明松下要从现在寻求改变，同时松下内部已经将 B2B 事业作为企业的主要发力点。例如展出的车载相关产品，与特斯拉合作推出的项目……当时的松下中国董事长横尾定显还在采访中提及，在中国首先发展的是车载事业，与北汽进行了深度合作，且在 2017 年于大连开设汽车电池工厂。松下在中国有 50 多家制造公司，未来也会进一步投入精力到车载事业中。

而在 2019 年的 CES 国际消费类电子产品展上，松下就展出了其概念性小型移动汽车 "SPACe_C"，并且发布了面向小型电动汽车的新平台 "48V ePowertrain"，该平台比以往输出功率高出一倍以上，并实现了小型化。据悉，新平台由电源系统（包括车载充电器、接线盒、换流器、直流转换器）和驱动系统（包括发动机等）组成。

此外，松下还公布了一款车载无线充电器，拥有独创的跟踪技术，可将无线充电线圈与移动设备上的无线充电线圈对准，从而使得充电效率大大提升。此外，该充电器支持15W 的充电功率，为业内最高无线充电功率，充电标准符合Qi1.3 充电标准。

松下每一次在 CES 国际消费类电子产品展上推出的产品都引发了业内和消费者的关注。可以想见的是，松下在车载领域的产品、技术将接连不断地进入消费者的日常生活，而汽车也必将带给人们拥有巨大想象空间的崭新的生活方式。

第七章

助力"双碳"① 的践行者

环境事业,我们一直在行动

松下幸之助先生曾说:"真正的经营理念的出发点,在于认识社会发展规律和自然规律。虽然经营理念可能在应用的方法上依据各个时期不同形势会有所改变,但它的根本原则是永远不变的。"这个根本原则就是松下必须始终坚守为人类社会作贡献,提升国民物质、精神生活水平的使命。

这个命题听起来似乎过于宏大,但松下愿意通过为任何具体课题提供解决方案以践行这个理念,比如当下全世界都面临着包括气候变化在内的环境问题,这是当下最紧迫的问题之一,在中国也不例外。因此,对于松下来说,应该最优先对环境问题采取措施,协助中国解决这一课题,就是自我成长的动力之源。

2022 年 4 月 1 日,松下集团发布了 Panasonic GREEN IMPACT 全球环境新概念,在中国则以"绿智造,创未来"这一口号展开活动。坚持节能家电、充分开发二氧化碳作为冷媒的应

---

① "双碳"为碳达峰与碳中和的简称。——编者注

2021年松下提出环境口号"绿智造，创未来"

用、研发大型热泵、拓展临建房环保型店铺以及纯氢燃料电池……松下始终致力于通过为客户提供节能解决方案和清洁能源技术，从而削减社会整体二氧化碳排放。据统计，包括全世界消费者使用的松下产品耗电所产生的二氧化碳排放量在内，松下的全价值链的碳排放量大约是1.1亿吨，约占全世界耗电量的1%。

截至2022年3月，松下在全球的"零碳工厂"已扩大到了9家，其中中国有3家。"在中国，我们致力于生产过程及产品节能两方面的减排影响。除了无锡、苏州和北京的三家零碳工厂外，我们力争在2024年年底包括纯氢燃料电池的应用案例在内，再完成10家工厂的零碳改造。"中国东北亚公司总代表本间哲朗提出了更积极远大的目标。

事实上，松下致力于解决环境课题绝非一时兴起的、随众的决定，而是出于"为社会作贡献"的初心、经过了漫长的技术积累、服务提升才顺理成章地变成现实的。

早在 2009 年，当时坐落在北京新光天地商场（现"北京 SKP"，北京受欢迎的高端商场之一）六层的 Panasonic Center Beijing，就设立了环境展区。展区分别从"商品的绿色创意""生产的绿色创意""推广的绿色创意"三个方面，对松下的环保产品及环保理念进行展示。松下利用先进的环保型节能产品作为载体，希望向大众更好地普及环保概念，而这一举措同时也印证了松下由环保践行者到推动者的重要转变。

展区的开放正值"Panasonic 中国环境论坛 2009"召开之际，松下当时宣布要成为中国环境贡献模范企业，表示将以"产品""制造""育人"三大措施为主轴，率先将环保由

2009 年 Panasonic Center Beijing 中设置了
Eco action stage（绿色行动舞台）展区

企业内部延伸至社会公益，以推进社会环保驱动企业的共赢发展。

一直以来，松下都将环境事业视为企业发展战略的重要部分，一切生产经营活动都以环保为原则展开。从生产、研发、服务到公益活动，松下不遗余力地应用和推广环保技术。在松下看来，环保绝不仅仅是一项公益事业，而是企业战略的一部分，已经渗透进松下企业经营的每个细节以及每位员工的思想和行动中。

冷链亦环保

在松下 To B 的事业版图中，冷链是极为重要的产业，也是松下深耕多年的领域。从松下冷链的产品、解决方案中，就能看到松下不断采用环保、节能减排的新技术，且创造了值得称道的价值。

随着新零售红利的来临，行业对冷链的要求更高了，特别是在中国市场，无论是对物流、仓储还是对冷链技术本身的要求都更高了。从田里到碗里，从最初 1 公里到最后 1 公里，冷链的解决方案不仅仅局限于超市的陈列柜，还包括现代网络购物的物流中心、仓储中心等。

正因为如此，松下冷链对环境课题尤为关注。在快速发展的过程中，松下始终注重绿色技术与解决方案的融合，在行业内率先引入二氧化碳冷媒技术，减少对臭氧层的破坏。早在 2010 年，松下就推出以二氧化碳为制冷剂的商用

松下冷链提供产地预冷解决方案

冷库和冰柜。与传统氟利昂和氟利昂替代制冷技术相比，二氧化碳冷媒技术具有无毒、不易爆燃、排放量低等特点，不会对臭氧层造成破坏。以全球变暖系数衡量，现在普遍使用的替代氟利昂制冷剂对环境的影响是二氧化碳制冷剂的2000~3900 倍，减少氟利昂及替代氟利昂使用是减少温室效应的重要措施。

融合二氧化碳冷冻系统、LED 照明、真空绝热板等节能产品和材料，以及松下能源管理系统等技术，松下可以为满足不同客户需求，提供多样的组合和解决方案，包括打造环保型店铺，这就为松下与罗森（中国）投资有限公司（以下简称"罗森"）的合作奠定了坚实的基础。

松下和罗森合作的初衷便是，希望这家店铺能切实实现节能和二氧化碳减排的愿景。店铺采用松下低 GWP（全球变暖系数）R448A/R449A 冷媒室外机和双层风幕冷藏柜，还导

入了高效 LED 照明、新型自助微波炉、节能执行支持系统等新设备、新技术，以实现节能减排的目标。其中，R448A/R449A 冷媒的 GWP 是传统冷媒的 1/3，减排成效显著；而双层风幕冷藏柜可防止风幕柜中的冷气泄漏并增强隔热性能，从而提高冷藏效率、降低能耗。

　　店铺内使用的高效 LED 照明、读取商品条形码即可自动加热的自助式新型微波炉等设备，均可降低电力消耗。松下能源管理系统则可以利用松下的 IoT 技术，统一管理店铺设备。除根据天气情况对照明实现智能控制外，该系统可对店内所有冷热相关机器进行智能联动操作；同时还通过监控设备状态以及电力使用情况，发出节能分析、自动化维护通

松下与罗森联合打造环保型门店

知，并根据节能诊断情况提出相应对策，从而通过调节店内设备来降低功耗，甚至进一步减少货损、削减人工成本。据估算，这种环保型店铺可比 2015 年的标准店铺削减 20% 左右的用电量，能确保节能减排目标的实现。

推动建筑行业减碳

松下另一家重要的中国合作伙伴——广联达科技股份有限公司（以下简称"广联达"）是一家立足于建筑行业的卓越的提供数字化解决方案公司。他们的独特之处在于，将数字化、软件系统等应用到了建筑工程管理中，不仅加快了工程项目的进度，降低了成本，同时在确保工人安全、工程质量和绿色环保等层面也做出了贡献。广联达与松下的合作正是起始于创始人刁志中对减碳课题的关注。

2015 年，刁志中被英国《卫报》的一则新闻所吸引，这条新闻显示：2014 年英国温室气体排放大幅削减了 8.4%。"当时，英国的建筑行业也面临着减碳、环保的挑战。英国的规划是，2025 年，英国建筑行业工程的进度加快 50%，工程成本降低 1/3，二氧化碳排放减少 50%。"当时，刁志中就笃信，这也是中国未来的方向。

刁志中认为，松下一直倡导的"企业是社会公器"这一理念是双方合作的根基。"最近，我还在重读松下幸之助先生的一些著作，他提及的企业应该在精神和物质两个层面为社会作贡献的思考引发了我的共鸣。"他说。在他看来，建

广联达创始人刁志中（居中）与松下经营干部视察北京实验楼

筑行业的发展方向是实现数字化、工业化和绿色化，而松下在工业化、绿色环保、智能化等方面都有着独特的优势。双方的合作从物质层面看，实现建筑行业的数字化模式能加快施工进度、节约成本；精神层面上，实现环保、降低工程事故率等目标，这些都是为社会作贡献。

2018年10月，刁志中应邀参加了松下百年庆典，时任松下社长津贺一宏先生在庆典仪式上，向全世界宣布与广联达、联动天翼共同发起工业化建筑项目。2019年5月，国际化合资公司"智建美住"正式成立。2020年10月，位于江苏江阴"智美云工厂"开工建设并于次年9月建成并投产。启用仪式上，刁志中对这个项目做了详细的说明：将广联达的BIM（建筑信息模型）+智慧工地内核、松下

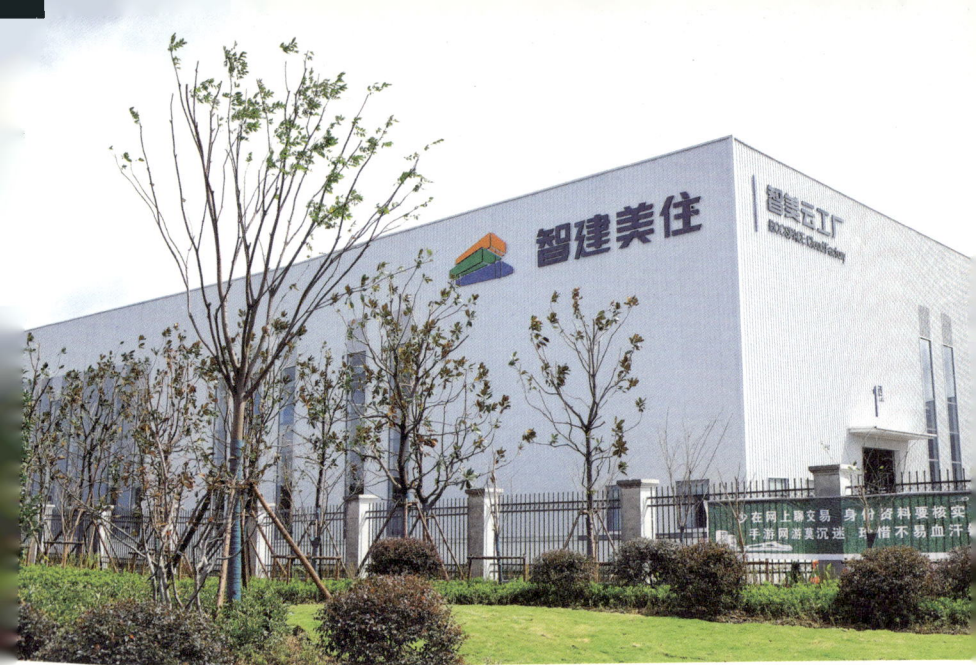

智美云工厂外观

本间哲朗与刁志中同车视察车间

的新材料和高品质产品有效地整合在一起。而智建美住将一幢幢"临时建筑"变成一个个数字化、绿色化、智能化的美好空间。

随后，松下和广联达还推出了 Magic house（魔法屋）项目，这个展示空间所使用的工业化板材避开了传统板房冬天冷、夏天热的短板，同时具有良好的隔音性，非常适用于创意民宿、便利店等简易结构建筑的建造，告别了传统砖瓦水泥的笨重，灵活性强，可随自身的需求变化而改变搭建体系，材料还可以反复利用、拆建数十次，大大减少了建筑材料的浪费。魔法屋让消费者相信，更加环保、智能、充满科技感的生活方式已经出现，而松下则是这种生活方式的缔造者之一。

位于南京玄武湖公园的罗森便利店

临配房的成功合作也推动了松下与罗森的业务拓展。2020 年 7 月，在江苏省南京市玄武湖公园内，罗森与松下合作的首家装配式便利店开业。该店铺是采用工业化装配式结构施工、低导热技术、冷链设备的远程监控以及可再利用移动技术，实现施工工期缩短、节能、削减施工现场材料损耗等目的的多功能性门店。该门店使用 VIP（Vacuum Insulation Panel）隔热材料，这是在建材装配房市场使用在冰箱研发过程中孵化出的世界为数不多的真空隔热技术。

2021 年 11 月 7 日，罗森（中国）投资有限公司（以下简称罗森）与松下（中国）有限公司（以下简称松下）共同决定，面向装配式便利店的多店铺展开，以"沈阳中日产业园""天津西站""上海虹口区北外滩"三家店铺开业为目标进行合作。这些新的装配式店铺都导入了松下最新的设备，原来合作打造的"环保型店铺"中所使用的设备与技术也悉数在装配式店铺中应用开来。

总而言之，松下致力于环保节能并非一时之想，而是多年对全球，当然也包括中国课题的观察、思考并且以此提升技术水平、产品优势的结果。既然企业存在的价值就是为社会做出贡献，那么松下的技术和产品就一定要切合消费者、社会的需求，努力面对社会课题并且穷尽力量去解决这些课题。环保型店铺、装配式店铺就是松下提交的一份答卷的样本。

本间哲朗还曾在"智美云工厂"启用仪式上说："从订单到生产再到施工的价值链一举实现数字化是全新的尝试。区别于日本企业惯于分步骤地实现 IT 化，智建美住在整个价值链上一举全部实现的做法，让我体会到经营团队的优秀，这是值得日本企业好好学习的重点。"可以说，松下的这份样卷不只为中国社会，更可能为日本乃至世界各国提供一份可探讨的方案。

奔向零碳

松下对于实现双碳目标的助力，不仅仅停留于单纯依靠产品、技术方面来改善环境问题，还努力提升工厂的节能减排水平，从生产制造过程到员工的认知，都在强化环境意识并切实付诸行动。

2022 年 4 月，松下集团发布了 Panasonic GREEN IMPACT（绿智造，创未来）的目标，宣布力争通过各项事业活动，面向 2050 年削减约等于国际能源机构（IEA）统计得出的全球 2020 年能源的二氧化碳排放量的 1%，即约 3 亿吨的二氧化碳，并提出了"2030 年前实现所有事业公司二氧化碳排放实质为零"的短期环境目标。为了更加明确松下集团应当面对的地球环境课题和贡献价值，相关指标也从过去着眼于本集团的能源目标，变更为对社会的碳减排指标，并扩大在生活及商务活动中对二氧化碳减排的影响度，助力全社会共同实现碳中和目标。

上文提到，松下在中国已有 3 家"零碳工厂"。2021 年 3 月，无锡工厂成为松下在华首家"零碳工厂"，并引起了行业内外的广泛关注。

无锡工厂俯瞰图

据总经理张利民介绍：无锡工厂作为能源的生产者，在注重为社会提供更环保的产品的同时，也一直致力于工厂内的节能减排工作。无锡工厂原本是集团内的"能耗大户"，从2017年起，公司开始加速推进绿色生产转型、引进高效率低能耗的自动化生产方式，由现地技术人员自主研发的双臂机器人生产线，全程采用图像自动检查系统，完全取代了传统的手工作业模式。生产模式的变革大大提升了产能，从而降低了产品的单位能耗。

工厂导入各类节能设施设备、引进集团自主研发的智能节能控制系统，基于物联网技术，对水、电、气等能源的消耗量进行智能化管控，根据外部环境（如温度、湿度、设备流量、压力等）的变化可实时自动调整最优条件，使设备一直处于最节能的运行状态，从而实现了节能制造。在生产过程中不仅推进节能减排，在日常运营中也开展节能降耗活动。公司拿出了200多万元把所有日常照明的灯全部换成LED照明（共13725处）。同时，公司导入面积为2.2万平方米的太阳能光伏板，发电容量高达1.6兆瓦，可满足工厂内的生活用电，为节能减排作出贡献。

无锡工厂成为零碳工厂后，在松下集团内部引起了广泛的关注，成为许多松下在华企业的榜样。据总经理张利民所说，成为零碳工厂后的影响不局限于松下内部，对于外部的合作企业，比如零部件采购商、产品物流等相关企业也积极推进节能减排等活动，倡导环保理念、推广环境改善经验，为全球尽早实现碳中和目标积极作贡献。

　　松下当然没有止步于此，中国要向更加环保的社会迈进，松下也将比肩同行。在 2022 年中国电动汽车百人会论坛上，中国东北亚公司副总裁赵炳弟就向世人提及，松下已经决定在中国的工厂建设氢能源燃料电池 + 冷热电综合能源利用的示范项目，希望对由松下中国全球首发的"冷、热、电的三联供解决方案"进行试验，未来可以满足工厂在用电、用热以及用冷的需求同时保证运行过程无二氧化碳排放，绿色无污染。也是在这次会议上，松下再次强调：松下集团基于当今全球性气候问题，推出了"Panasonic GREEN IMPACT（绿智造，创未来）"的环境方针。

　　在创业之初，松下幸之助先生就将公司定位于"为人类社会的福祉做努力"的企业。松下在中国的每一家企业无不尽力遵循创始人提出的使命，正如 2005 年中国国务院国资委赴日本企业文化培训团在其考察报告《日本企业文化建设对中国企业的启示》中评价的松下，"继承松下幸之助造福人类的文化自觉，同时努力将'为实现星罗棋布的网络社会作贡献'和'为人类与地球环境的共存作贡献'的企业理想变成现实"。

第八章

企业责任

　　船场，位于大阪市中心，这是大阪商人"商道"的发源地。日本著名的历史学家曾这样评价："船场商人的气质在于具有为公众着想的风度。"松下幸之助先生就在船场的五代自行车店度过了 6 年的学徒生涯。在那段日子里，他不仅学习了商业礼仪、交易的规矩等细节，更学习到了生意、买卖的思维方式，以及对商业的理解——商人要为公众着想。也正是这种独特的文化氛围，为松下幸之助先生在今后经营中确立"通过事业为社会作贡献"这一理念打下了基础。

　　诚然，松下一直恪守创始人松下幸之助先生的这一理念，在努力为中国事业作贡献。作为中国东北亚公司副总裁，赵炳弟说："多年来，松下聚焦中国课题的各项业务，包括健康养老、生鲜食品供应链、清洁技术、节能减排的环境举措等，在中国市场都取得了不错的成绩。"素直之心根植于中国市场，同时也滋养了松下在中国的事业发展。

赵炳弟参加 2021 年企业家座谈会并发言

　　松下的坚持推动着自身的视野不断拓展。对于松下来说，有利于中国经济发展、对提升消费者幸福感有益的事业就是松下要深耕的事业。松下以"关护无界，身心如悦"为愿景，为中国社会的时代命题奉上松下解答。比如，松下在氢能源方面有 20 余年的经验，中国在努力实现双碳目标的进程中，松下也在寻找更多的机会，发挥松下在氢能源方面的技术优势和经验，推动氢能源产业链的发展。

企业的社会责任在时代需求，亦在民生幸福

　　除了本书中前述的松下在多个领域中以发展事业为社会做出贡献的案例，松下也在不断拓展企业社会责任的边界。松下笃信"企业是社会公器"，将责任感融汇于经济发展的

《中国松下可持续发展报告2021》

洪流中，努力利用自身的技术和事业推动中国社会的可持续发展，并通过《中国松下可持续发展报告》详细记录、向全社会汇报。

以冷链事业在环保方面的成绩为例，松下早在20世纪60年代便布局零售终端，拥有先进的冷冻、冷藏及节能技术。针对食品零售业的节能减排行业趋势，松下与广联达合作的"装配式便利店"产品，通过全店铺使用环保的照明、制冷等设备、运用云控制系统等方式，实现用电量和二氧化碳排放量与传统店铺相比减少25%的目标，节能减排成效显著。

此外，松下作为奥林匹克全球合作伙伴，在北京2022年冬奥会和冬残奥会期间，利用环保的制冷技术为赛事赋

松下为北京 2022 年冬奥会和冬残奥会的冰壶比赛场馆
"冰立方"提供制冰系统

能。松下为冰壶比赛场馆"冰立方"和冰球比赛场馆五棵松
体育中心提供了制冰系统，其中"冰立方"使用的系统为国
内率先使用 R449A 环保冷媒的室外可移动撬装式冷冻站，实
现了精准控制冰面温度的同时，也保证了冰面硬度和场馆运
营。松下还借助二氧化碳制冷技术打造十分具有环保理念的
综合冰上运动场馆——河北承德塞罕坝国家冰上训练中心。

　　松下不仅研发、销售环保的技术和产品，还努力通过事
业为全社会的可持续发展作贡献，这种环保的意识更是自上
而下融入企业的经营管理中。前文中也提及了松下能源（无
锡）有限公司从能源消耗大户到零碳工厂的转变。无独有偶，
从 2016 年起，松下·万宝（广州）压缩机有限公司建立了
能源管理委员会，导入能源管理体系。2016—2020 年期间，

公司投入约2600多万元积极开展节能技改项目，如"一栋化"生产模式、新工艺导入等，导入光伏发电项目、环保冷媒替代等。公司还通过能源管理知识培训，强化宣传，提高员工节能意识，自上而下积极落实能源管理制度。2019年，能源管理中心建立并投入使用，实现能源整体管理实时监测。公司连续5年超额完成广州市能源消费总量、能源消耗强度"双控"目标，被评为"2020年广州市十大节能优秀企业"。

松下总是在谈"企业是社会公器"，这里就包含了将技术下沉到社会中，为打造消费者幸福、美好的生活做出贡献。松下不仅仅关注行业的大的发展趋势，也努力在为消费者切实解决一些生活课题。

面对来势汹汹的新型冠状病毒肺炎疫情，松下迅速响应，自2020年1月23日向武汉医院捐赠次亚诺空间除菌消

2020年松下向防疫医院紧急捐赠健康空调

臭机起，陆续向疫区捐赠专业防护服、医用消毒酒精等医疗用品，并捐赠空气净化器、健康空调、杀菌灯等具有健康除菌效果的产品，松下还于2020年1月25日向中国红十字会捐赠了100万元人民币。

在"后疫情时代"，越来越多的消费者选择订餐来满足自己的餐饮需求。但是由于食品对保质时间的要求高，长期放置的食品不仅口感欠缺，甚至存在食品安全风险。为此，松下以数字化为契机，率先开发出IoT智能取餐柜，消费者可通过手机下单通知店铺进行烹饪，食品制作完成后，店铺将其放入智能取餐柜进行保温，消费者通过手机平台接收取货通知并进行取餐。这样的解决方案满足无接触的需求同时，也从可以尝到一份可口温暖的饭菜这样的小细节中，为消费者提升生活幸福感。

造物之前先育人

环境事业上的贡献只是松下践行企业责任的一个方面，松下在人才培养方面的努力也不遗余力。松下的人才观颇受社会关注。松下幸之助先生对于员工的发展和成才非常重视，他把育人当主业，把生意作副业，并对员工说"在做产品之前先育人"。这是在1925年前后，松下还是一个刚刚成立不足10年的小公司时，松下幸之助先生向员工们说过一句话："你们去客户那里拜访的时候，如果人家问松下是生产什么产品的公司，你们就回答他们说松下是培养人才的公司，顺便也生产电器产品。"

1932 年的一天，松下幸之助先生在一个寺庙看到教徒们自发、刻苦地在做不计回报的工作。这让他大为感叹。他后来写道："从我所见到的这一切中，从它显然是在兴旺发展的状况中……有一些东西是值得学习的。"如果公司里的工作有意义，那么公司员工就会对工作更为满意，劳动生产率也会提高。

《基业长青》中曾提道："高瞻远瞩的公司通常是以理念为核心，把他们的理念转化成有形的机制，同时发出持续一贯、加强理念的信号，他们对员工灌输理念。"松下幸之助先生把"集中智慧的全员经营"作为公司的经营方针。他认为松下不是仅仅靠总裁经营，也不是仅仅依靠领导层经营，

1995 年松下成立人才培训中心

而是依靠全体职工的智慧经营。松下幸之助先生为此努力培养人才，加强职工的教育训练，制定长期人才培养计划，开设各种综合性的系统的研修机构，举办多种教育讲座。具体到中国市场，自从松下开展中国事业之后，在中国培育人才就是集团最重要的战略之一。正是松下幸之助先生的人才理念不断生根，才产生了属于松下中国的独特文化。这种企业文化的本土化对于跨国企业的现地发展无疑是极为关键的内容之一。

随着松下在中国的事业不断发展，培养的人才在各个领域和岗位上发光发热，特别是伴随着中国东北亚公司的成立，松下的决策本地化不断深入，越来越多的中方经营层也逐渐成长为领导松下中国事业持续发展的中坚力量。就在此时，人力资源部总经理西隆之再次开始思考自己工作的意义和价值。他认为，松下中国需要彻底激发员工的积极性和创造力，途径是构筑一种具有挑战性的空间，让中国东北亚公司成为整体充满积极能量的工作场，在享受当下成功的时候，清醒地考虑领导人的后继者。人才培养再次被提到日程表的重要位置。

松下在《中国松下可持续发展报告2021》中表明了对员工的态度："我们始终坚持本地化经营理念，因地制宜地确立雇佣和劳动管理制度，积极培养本地人才，并充分尊重本地员工的传统文化与习俗；为技术人员、管理储备人员提供海外研修机会，打造具有国际水平的多元化管理团队……"无论是本书中所提及的、在本地化经营中发挥聪

中国东北亚公司人力资源部
西隆之总经理和其书法作品

明才智的经营领导们，还是每一位在松下成长的员工，都被视为松下的宝贵资源。他们不仅利用自己的劳动和智慧帮助松下担当"社会公器"的责任，甚至很多人成为推动中国社会、经济发展的中流砥柱，在各个领域发光发热。这让松下也感到与有荣焉。这大概正是西隆之所关心的人才培养的"重要核心"。

2022 年，在日新月异的时代背景下，为了引领员工以更加积极灵活、可以满足时代需求的姿态成长，堂埜茂总裁

中国东北亚公司总裁 堂埜茂

特别在创业纪念式上再次诠释了中国东北亚公司的新企业文化，即"求简化、向外看、勇挑战、促协作、乐成长"。他希望以此为员工打造一个可以感受到自我工作价值的同时，还能保持挑战、收获自我成长的职场。

对于松下来说，人才培育并非仅仅局限于集团内部，而是着眼于整个中国的社会和未来。比如，享誉盛名的"松下育英基金"就在帮助中国高校为社会输送各类优秀的人才。1995年，松下通过中国日本友好协会向中国友好和平发展基金会捐资100万美元设立该专项基金，旨在资助中国高等院校品学兼优但经济困难大学生完成学业。设立至今，"松下育英基金"的足迹已经遍布全国22个省、自治区、直辖市的39所大学，资助和表彰中国大学生近万人。截至2015年，

1995 年"松下育英基金"成立

基金总资产达 2100 万元,累计资助奖学金近千万元人民币。这项基金也表明松下为中国培养人才的决心和行动力。

　　松下不仅给予大学生物质上的帮助,还为中国的青年学子们提供更多实践机会和思想上的教育。2018 年起,松下联合中国友好和平发展基金会,开展"P-week 大学生整合实践"项目。邀请优秀大学生,走进松下的在华企业,了解企业文化、体验制造生产。同时,在企业导师的指导下,开展市场调研、发现课题并提出解决方案,从而促进专业知识与实践相结合,提升综合能力,为青年学子实现从校园到社会的转型奠定基础。

　　2021 年,松下了解到位于云南省文山壮族苗族自治州东南部的麻栗坡县有一所天保口岸学校。受自然环境因素的影响，当地夏季炎热，气温高达 40℃ 左右，过高的温度、湿度严重影响到了当地学生们日常的学习和生活。为了支持麻栗坡县教育事业发展，中国东北亚公司向天保口岸学校捐赠了75 台空调，价值 46 万元。捐赠仪式上，外交部驻县帮扶代表、麻栗坡县委常委、副县长陈明煌表示，松下此次的捐赠结束了天保口岸学生教室、宿舍无空调的历史，改善了学生的学习和生活条件，为边疆的教育事业做出了积极贡献。

天保口岸学校的学生在有空调的教室中学习

松下在人才培养方面，努力打造出公司内外社会责任的双循环。

总之，松下是根植于中国市场的企业，理应为中国的发展、消费者的幸福做出自己的努力。松下将始终贯彻产业人之本分，努力改善和提高社会生活水平，以期为中国社会乃至世界文明的发展作贡献，矢志不渝。

结语 | 请重新认识松下

　　邓小平先生访问日本的时候，特意坐上新干线感受了一下彼时的"日本速度"，邓小平先生说："就感觉到快，有催人跑的意思。"[①] 如今，中国经济的发展也如列车飞驰。如松下幸之助先生当初预测的那样，"21 世纪将是亚洲的时代。" 松下幸之助向邓小平做出承诺时说："那时候日本应当同中国携手，为世界的和平和繁荣做出贡献。松下虽然只是一家企业，但也将竭尽所能，帮助中国实现现代化。"

　　正因为有这样的决心，松下有幸成为中国经济高速发展这一伟大历程的见证者，也是重要的参与者之一。在过去四十多年的时光里，松下与中国政府、合作伙伴建立了深厚的合作关系，确立了难以割舍的友谊，取得了合作共赢的成果。

　　1980 年，松下幸之助先生第二次访华的时候，35 岁的松下正幸与外祖父同行。他对中国的印象极为深刻："我十分想借着这个机会去中国看看。中国蓬勃发展的情景给我留下了深刻印象，我深信中国未来也将持续发展。"这份相信得到了时间的验证，中国飞速发展，松下为之贡献了自己的力量，同时也在这里获得了巨大的发展。2018 年，在中国改革开放 40 周年之际，松下正幸作为代表在北京领取了中国改革友谊奖章。他在接受新华社记者专访时表示，外祖父生前支持中国的改革开放事业，在国际知名企业中率先投资中

---

　　① 《邓小平遗物故事之一组贺卡·1978 年邓小平出访日本》（纪录片）见 https://tv.cctv.com/2014/12/09/VIDE1418101778035710.shtml。

国，取得了巨大成功。目前中国市场已成为松下集团的重要支柱。

同在 2018 年，亦是松下成立 100 周年之时，《光明日报》（2018 年 12 月 23 日刊）发表了一篇文章，深情回顾了松下与中国市场的友情，评价道："松下见证了中国改革开放以来经济的高速增长，为中国现代化建设提供了帮助，中国市场也成为松下的重要支柱。"

回顾过去的 40 余年，松下与中国之间留下了诸多令人难以忘怀的故事，它们成为历久弥新的记忆。松下幸之助先生与邓小平先生在松下工厂门口握手，松下技术员毫无保留地为上海灯泡厂做技术指导，在尚未开发的北京郊区共同克

2018 年国务院授予松下幸之助先生"中国改革友谊奖章"

服万难建设松彩，共同努力帮助华录松下渡过难关，在书店中热销的松下幸之助先生的书籍……历史中一段段故事成为佳话，每一个片段都仿佛略微泛黄的照片，厚重而温暖。

跨越40余年，松下在中国大地上建起一座座工厂，在家电、能源、环境、康养等领域都涉足颇深，事业规模不断扩大。无论是可见的产品中，还是隐藏在产品背后的零部件里，抑或是生活空间的角落都有松下的影子。今天，众多中国消费者使用的家用电器、联通世界的交通工具、尽享天伦的养老社区、高效环保的工厂、舒适节能的商店楼宇……松下的产品、技术、管理优势在中国的广袤大地上焕发了极大的生机。松下从每一个细节着手，力求让中国消费者拥有更美好的生活。还有矗立在松下在中国大陆成立的第一家合资企业——松下彩色显象管有限公司原址上的松下纪念馆继续

2018年松下纪念馆于北京成立

　　传递着松下的精神和松下幸之助先生的理念，不断强化履行企业社会责任的项目传送出松下渴望对中国社会的回馈与贡献。松下与中国密不可分。

　　松下在中国的发展从来不是形单影只的"个人秀"，从技术合作到合资工厂，从支持现代化发展到与中国合作伙伴同行，松下深深地扎根在中国这片广袤而积极向上的土地上。正如时任松下集团会长的长荣周作在松下成立100周年时感慨而谈：中国发展翻天覆地，"松下与越来越多的中国企业成为合作伙伴，互利共赢共同开拓市场"。而彼时还是负责松下全球家电业务的常务董事的本间哲朗更是一语道出松下在面对中国市场的变化所做出的改变：以前是有什么在中国卖什么，现在必须更好地理解"中国需求"，为中国消费者提供定制化的服务和产品。这样的理解随着中国东北亚公司的成立继续深化，才实现了松下在中国的决策现地化，才有"要讨中国消费者的欢心"的产品研发以及为松下和中国的可持续发展作贡献的新事业推进。

　　在很长时间里，中国诸多企业以及企业家们向松下学习产品技术、管理方式、经营理念，让松下备感荣幸；随着中国经济的规模不断扩大，松下在中国汲取了更多的养分，获得了成长空间。甚至在中国学习的经验、起初为中国市场研发的产品还反哺到了日本，比如财务数字化的改革、承包制的导入、智美云工厂的全价值链数字化，等等。还有中国速度、中国企业的创新精神都给予松下深刻的启发和鞭策。这充分说明，松下在中国的成长获得了成功，有益于两国商业界未来的发展。

40 余年的光阴如同白驹过隙，松下在中国的成长中经历了一系列蜕变。松下是幸运的，因为松下有幸获得了为中国经济发展做出贡献的机遇，获得了中国消费者、合作伙伴的信任和认可，而松下幸之助先生的经营哲学更是在这里得到认同并发挥积极作用。他经常提及的"企业是社会公器""造物之前先育人"等理念已经成为一种共识，也正因如此，松下才得以与广联达、雅达国际等合作伙伴收获丰硕成果。

松下将坚守着松下幸之助先生所倡导的"企业是社会公器"之理念，保持着"以解决中国的课题为己任"的责任感，秉承着为提高中国人民的生活、为中国社会发展作贡献的使命不断在中国开展事业。松下这个品牌将一直陪伴着中国发展、陪伴着每一个中国消费者成长。

请重新认识松下，与松下一起，共同实现"过上更美好生活"的愿望！

后 记

　　我怀着激动的心情读完了这本书，感慨良多。虽然已在松下工作多年，对松下与中国间数十年如一日的友好历史以及现在在华深耕的事业都十分熟悉，但我依然被这份历史情谊和松下坚持为中国社会做贡献的决心深深打动。松下幸之助先生与中国的深厚渊源、松下为中国发展做贡献的努力、与中国经济发展共同成长的信念也形成一股强大的动力，让我更加坚定了在中国把工作做得更好的决心。个体力量虽然有限，但我相信，背靠拥有着悠久的历史、坚定的经营理念、先进的技术和产品的松下，我一定能继续为中国经济发展尽绵薄之力。

　　我始终笃信，松下的生命能够延续100多年，并且与中国建立深厚的合作关系，一个无法忽视的关键因素就在于企业文化的导向作用。例如文中多次提及的"企业是社会公器"，就将企业的发展与社会的进步关联在了一起，正因为有这样的信念，我们格外重视人才的培养、重视企业的社会责任、珍惜与中国在多年合作中建立的情感，为推动中国的社会发展不断解决新课题。

　　松下秉承着松下幸之助先生的精神，努力使自己不断满足中国社会和市场变化着的需求。特别是近些年来，松下与优秀的合作伙伴一起，提供社会老龄化问题的解决方案；在中国大力发展车载事业，助力新能源汽车产业的进步；建立了零碳工厂，利用自己的技术和产品从方方面面为实现"双碳"社会做贡献！这些努力都着眼于中国社会当下出现的课题，而这样的事业方向便是基于松下自身的企业文化的指引。

　　同时，我也在思考，松下的企业文化在中国大地上是否也需要不断地更新迭代呢？我想答案是肯定的。松下的精神内核无疑是具有持久的生命力的，但在此基础之上，我们有必要打造更加本土化的企业文化。

　　时光如白驹过隙，转眼间，我在松下电器已经整整工作了 36 年。在来中国赴任中国东北亚公司的总裁之前，我就在与松下中国各事业网点的许多同事保持着密切的关系，因此我十分喜欢中国。2019 年，随着中国东北亚公司的成立，我亲眼看到了中国速度，见证了松下员工的积极性不断被释放出来，并形成了优秀的文化，这些令我越来越喜欢中国和在中国并肩努力的同伴们。我曾在家电设备事业部负责"纳诺怡"等元器件事业的工作，这是一项艰苦的工作，但当我来到中国后发现，"纳诺怡"如今在中国已经被广泛应用于各种商品，我获得了巨大的满足感和成就感，也立志要在中国大地上继续做出自己的贡献。

　　读过这本书的朋友大体上都会了解，中国东北亚公司成立之后，在中国的现地化决策得到进一步加强，甚至松下在中国率先投入市场的技术产品和解决方案、应用的经营方法乃至企业文化等反哺到了日本总部以及松下在其他国家的公司，松下也由此逐渐扩大将在中国所收获的成功向世界的输出。因此，我也开始思考，松下在中国的企业文化应该向怎样的方向进一步发展。

我个人有一个座右铭——"Think globally，Act locally（放眼全球，立足本地）"。这要求我们"在思考和决断时，不要拘泥于细节，应从最适合全局的角度思考"；同时"一旦做出了决定，行动时，即要最大限度地尊重自己的现场能力和大家的想法，遵循'现场现物'，切实且具体地落实下去"。松下是一家具有国际化视野的百年企业，我们当然要"放眼全球"，但"立足本地"在当下更重要。在这一点上，我和本间总代表的想法如出一辙，他所强调的"接地气"亦是立足本地的另一种表述。因此我认为，松下在中国应该首先全面推进"Act locally"（立足本地）的实践。如果可以做到，相信几年后，我们会顺其自然地理解、接纳 Think globally（放眼全球）的做法，甚至更主动地希望这样做。

2022 年，正值松下集团迎来新的体制之际，为了更好地满足中国市场不断变化的需求，我在创业纪念式上提出了五个价值观：求简化、向外看、勇挑战、促协作、乐成长。求简化，是希望我们能更加高效的工作，以此匹配"中国速度"；向外看，是强调要关注市场变化，始终站在客户的角度去想问题；勇挑战，是鼓励松下在中国积极拓展业务，勇于接受挑战，不怕试错才能终获成功；促协作的目的是激发每一位员工的个性，让信赖成为员工之间、松下与合作伙伴之间共同协作的桥梁；至于乐成长，则是要建立一种学习的氛围，让每一位员工通过工作时经历的挑战，真实地体会到自我成长的乐趣。

希望每一位中国东北亚公司的员工乃至所有松下在华企业的员工都可以提高自身的市场敏感度，一切从客户的角度出发，专注于"必要"，摒弃"不必要"；简化流程，加速行动。与此同时，员工可以通过在松下的工作寻求自我价值、收获自我成长。

最后，我想说，我个人对中国有着深厚的感情，我甚至认为中国是我的福地。"此心安处是吾乡"，把这样令我生活愉快、充满希望的中国，称为"第二故乡"也不为过吧！今后我们会坚持不断地自我迭代，将为松下在中国这美好的土地上"更上一层楼"而竭尽全力。同时也祈愿中日友好，源远流长！

松下电器中国东北亚公司总裁

堂埜茂

参考文献

《百年小平之未了的梦》（纪录片），中共中央文献研究室、中央电视台，2004 年。

《邓小平遗物故事之一组贺卡》（纪录片），中共中央文献研究室、四川省委宣传部、广安市委、邓小平故里管理局、峨眉电影集团有限公司、中央新闻纪录电影制片厂（集团）联合摄制，2014 年。

傅高义：《日本第一：对美国的启示》，上海译文出版社，2016 年。

（美）吉姆·柯林斯、杰里·波勒斯：《基业长青》，中信出版社，2002 年。

（日）松下幸之助：《天心：松下幸之助的哲学》，东方出版社，2021 年。

（美）迈克尔·茨威尔：《创造基于能力的企业文化》，华夏出版社，1999 年。

陈东升：《长寿时代：从长寿、健康、财富的角度透视人类未来》，中信出版社，2021 年。

中国社会科学院经济学部企业社会责任研究中心（编）：《企业社会责任蓝皮书（2019）》，2019年。

（日）松下幸之助：《拥有一颗素直之心吧》，东方出版社，2018年。

（日）松下幸之助：《松下幸之助自传》，延边大学出版社，1997年。

国务院国资委赴日本企业文化培训团：《日本企业文化建设对中国企业的启示——日本企业文化考察报告》，《企业文明》2005年09期。

附 录 ｜ 企业的使命

松下认识的 "企业的使命"

企业为什么会存在？我们的创始人松下幸之助先生认为，满足人们"希望生活得更好"的心愿，就是企业的职责、使命所在。

即松下创始人认为，以适当的价格，稳定供应人们生活所需要的优质商品与服务，为社会的发展做出贡献，这是企业原本的使命。同时，秉承上述使命的企业主不应局限于企业本身，还需将自身视为社会的一部分，将此表述为"企业是社会公器"。

如果将企业视为"社会公器"，则企业活动所需的经营资源，即人才、资金、土地、物资等都是从社会借用的。使用从社会借用的资源开展活动，企业必须最大限度地利用这些资源，并从活动中创造正面效益，为社会做出贡献。

一般而言，企业的目的是追求利润。但是，松下集团将利润视为"向社会做出贡献的报酬，是社会给予的回馈"。换言之，我们必须认识到，对社会的贡献度与利润成正比，相反，不产生利润则反映了企业未履行社会责任，或履行社会责任的能力不足，必须立即进行改革。

此外，企业在开展经营活动时，会与顾客、事业合作伙伴、股东、社会等众多相关方保持各种形式的关系。作为"社会公器"之企业，如果以牺牲上述相关方的利益为代价追求自身发展，则不会受到社会的认可，只有与所有相关方共同发展，才是企业长期发展的唯一道路。

企业履行社会责任的关键在于员工。在不断变化的社会环境中，如果每个人只是死守或仅精通自己的分内工作，是无法不断地为社会创造正面效益，也无法履行企业的社会责任的。企业的每一位员工都需要每天将自己的工作做得更好，这样才能提高人们的生活质量，促进社会的发展和进步。

松下集团的使命与现在应做之事

松下创始人不断思考事业的真正使命，并在 1932 年 5 月 5 日召集当时的全体店员，正式宣布了公司的使命。在松下集团的历史上，取其"知道真正的使命"之意，称之为"创业命知"。

松下创始人曾说过"我们产业人的使命就是消除贫困，使人类走向繁荣和富裕，企业的繁荣发展，仅应以此为目的"，就像供应自来水那样，尽可能以最低的价格向社会供应产品，即希望通过"物资的无尽产出"消除贫困。

但是"自来水哲学"理念中所蕴含的松下创始人的真正用意，体现于其所要实现的下述话语之中："人类的幸福，依托于物心两方面的幸福，并随之持续提升。只有精神稳定，物资供应充足，人类才能获得安稳的幸福。"

松下创始人为了达成这个使命，提出以 25 年为 1 个阶段，通过 10 个阶段完成建设"乐土""理想社会"的目标，即"250 年计划"，并指出"250 年计划"不会随着第一个

250 年的到来而终结，而是面向下一个 250 年时，为了实现更为崇高的理想，以符合那个时代理想的方式，不断向前迈进。

"自来水哲学"大约提出于 90 年前，但"以实现物心两方面的幸福"为目标的理念，即使在今天看来也毫不落后。

实际上，以发达国家为中心，我们的社会在物质层面基本已经实现了极大满足。但考虑到近年来迅速恶化的环境问题、能源枯竭问题，我们的子孙乃至再下一代能否继续过上现在这样的富足生活，这样的不安仍困扰着我们。

迄今为止，我们一直在追求幸福的道路上，以提供物资为主展开各项活动，但是也要认识到，我们距离"理想社会"的目标还非常遥远。走过的路无法重来，我们必须立足此时此刻，再次描绘"物心一如"，即物质与精神两方面充裕的"理想社会"的愿景，并为实现这一目标而不断向前迈进。

我们的目标是实现"理想社会"，这就要求我们必须长期面对社会课题，为解决课题做出贡献。其中，21 世纪最亟待解决的就是地球环境问题。

松下集团于 1991 年在全球率先制定环境宪章，长期向该课题发起挑战。今后，我们要力争作解决环境问题领域的龙头公司，例如通过商品和服务，减轻环境负担，或降低生产活动中的能源消耗量，从各个角度采取各种积极措施。

松下电器在华企业名单

辽宁省

大连松下汽车电子系统有限公司

松下电器软件开发（大连）有限公司

松下冷机系统（大连）有限公司

松下冷链（大连）有限公司

松下压缩机（大连）有限公司

松下制冷（大连）有限公司

中国华录·松下电子信息有限公司

大连泰星能源有限公司

松下蓄电池（沈阳）有限公司

北京市

松下电器（中国）有限公司

松下电气机器（北京）有限公司

松下四维出行科技服务（北京）有限公司

河北省

唐山松下产业机器有限公司

天津市

天津松下电子部品有限公司

天津松下汽车电子开发有限公司

山东省

青岛松下电子部品（保税区）有限公司

山东池田电装有限公司

江苏省

松下电气设备（中国）有限公司

哈斯曼制冷科技（苏州）有限公司

三洋能源（苏州）有限公司

松下电器研究开发（苏州）有限公司

松下电子材料（苏州）有限公司

松下汽车电子系统（苏州）有限公司

松下神视电子（苏州）有限公司

苏州松下生产科技有限公司

松下能源（无锡）有限公司

无锡松下冷机压缩机有限公司

无锡松下冷机有限公司

上海市

松下电器机电（中国）有限公司

松下航空电子（中国）有限公司

松下电动工具（上海）有限公司

松下电子材料（上海）有限公司

松下信息系统（上海）有限公司

松下信息仪器（上海）有限公司

松下住宅电器（上海）有限公司

上海松下微波炉有限公司

松下电器（中国）财务有限公司

松下电器全球采购（中国）有限公司

松下广告（上海）有限公司

利楼爱赛儿商务咨询（上海）有限公司

浙江省

松下家电（中国）有限公司

杭州松下厨房电器有限公司

杭州松下家电（综合保税区）有限公司

杭州松下家用电器有限公司

杭州松下马达有限公司

松下厨电科技（嘉兴）有限公司

重庆市

松下真空节能新材料（重庆）有限公司

福建省

厦门建松电器有限公司

厦门松下电子信息有限公司

广东省

广东松下环境系统有限公司

广州松下空调器有限公司

松下·万宝（广州）压缩机有限公司

松下·万宝（广州）电熨斗有限公司

松下电子材料（广州）有限公司

松下数码科技（深圳）有限公司

松下泰康电子（深圳）有限公司

松下万宝美健生活电器（广州）有限公司

松下电子部品（江门）有限公司

松下音像科技（广东）有限公司

珠海松下马达有限公司

台湾省

松下产业科技股份有限公司

台湾松下电材股份有限公司

台湾松下电脑股份有限公司

台湾松下电器股份有限公司

台湾松下多层材料股份有限公司

台湾松下销售股份有限公司

香港特别行政区

Panasonic Lighting Devices Hong Kong Co., Limited

松下电器香港有限公司

松下环境系统（香港）有限公司

（注：截至2022年8月1日，包括中国大陆及中国香港、中国台湾地区，清算中企业不在内）

创作者名单

总　创　作：本间哲朗
创作责任人：赵炳弟　　徐海波　　尹晓薇
创作执行：王　婕

（以下排名不分先后顺序）

堂埜茂	吴　亮	殷志明	张利民	张建波	黄忠明
西隆之	唐　峰	李丽萍	刁志忠	蒋建宁	韩　葵
李　铖	鲁　遥	谭　可	山﨑晋吾	徐　弋	侯梦霄
赵向东	金冬梅	蔡　蓓	李慧兰	王　璞	付卫华
代红丽	杜　祎	许益铭	袁　越	徐　瑶	裴　佩
杭　弘	蒋亚飞	马　超	何　畏	殷梦女	叶　璀
孙　娜	张　朋	乔　婷			